NONビリ

オークラ出版

2012年春、秋田県から『のんびり』という名のフリーマガジンが生まれました。その後4年間で合計16冊を発行し、2016年に惜しまれつつも終刊。そんな『のんびり』の使命は「多くの人に秋田に訪れてもらうこと」。少子高齢化、人口減少ナンバーワンである秋田県の切実な思いでした。

しかし、遠く秋田まで足を運んでもらうことは容易なことではありません。忙しい現代人にとって、距離はイコール時間です。たとえ物理的距離が近くてもアクセスがわるければ遠く感じるし、アクセスがよければ近くに感じる。そういう意味で、東京から新幹線で約4時間、羽田から飛行機に乗ったとしても、空港到着後に秋田駅までバスに40分揺られなきゃいけない秋田は、遥か遠い土地。しかし、そんな時間的距離を、軽く飛び超えてしまうときがあります。それは、心が震えたとき。

何かに感動して心震えたとき、人はアクションを起こします。アクセスがわるかろうが、なんとしてもそこまで足を伸ばしてみたくなるのです。『のんびり』はそこに焦点を絞った雑誌でした。

毎号、限られた誌面のなかで数多くの情報を詰め込むのではなく、たった一つの特集に全体の2／3にあたる40ページを使用。さらに、取材現場で苦悶、葛藤、ときに歓喜する取材チームと、できるだけ同じ気持ちになってもらえるよう、その行程を可能な限り公開。たった4日間しかない取材日程のなか、スタート時点では見えていなかったゴールにたどり着くその様は、まさにドキュメンタリーそのもの。

そういう意味で『のんびり』は、世の中に数多（あまた）ある地方自治体発行の広報誌とは一線を画していたように思います。

都心から遠い。さしたる観光スポットがない。いま僕は、そんなふうに嘆く日本中の地方の人々にこの一冊を届けたい気持ちです。光を観ると書く「観光」ですが、その光の源はいつだって「人」です。そこに生きる人々の小さくも果てない光を真摯に届けることが、多くの人の心を震わせることに繋がります。その先に起こるアクションこそが、僕の思う「あたらしい〝ふつう〟の観光」です。

今回、3年ぶりに「のんびりチーム」こと、取材メンバーが秋田に集まり、当時のように全力取材を敢行してきました。その成果をお届けするほか、過去の特集二編も再録しています。この一冊をもって初めて『のんびり』を知っていただいた人にも、楽しんでいただけることはもちろん、『のんびり』とはなんだったのか？　を感じてもらえる一冊になっているように思います。

政治も経済も人口も一極集中なこの世の中に対するカウンターとしての『のんびり』は、その言葉の持つ空気とは裏腹に、なかなかにアバンギャルドな媒体です。のんびり秋田はビリじゃない！　NONビリな光を観るべく、この一冊を片手にいつかぜひ秋田にいらしてください。

藤本智士（『のんびり』編集長）

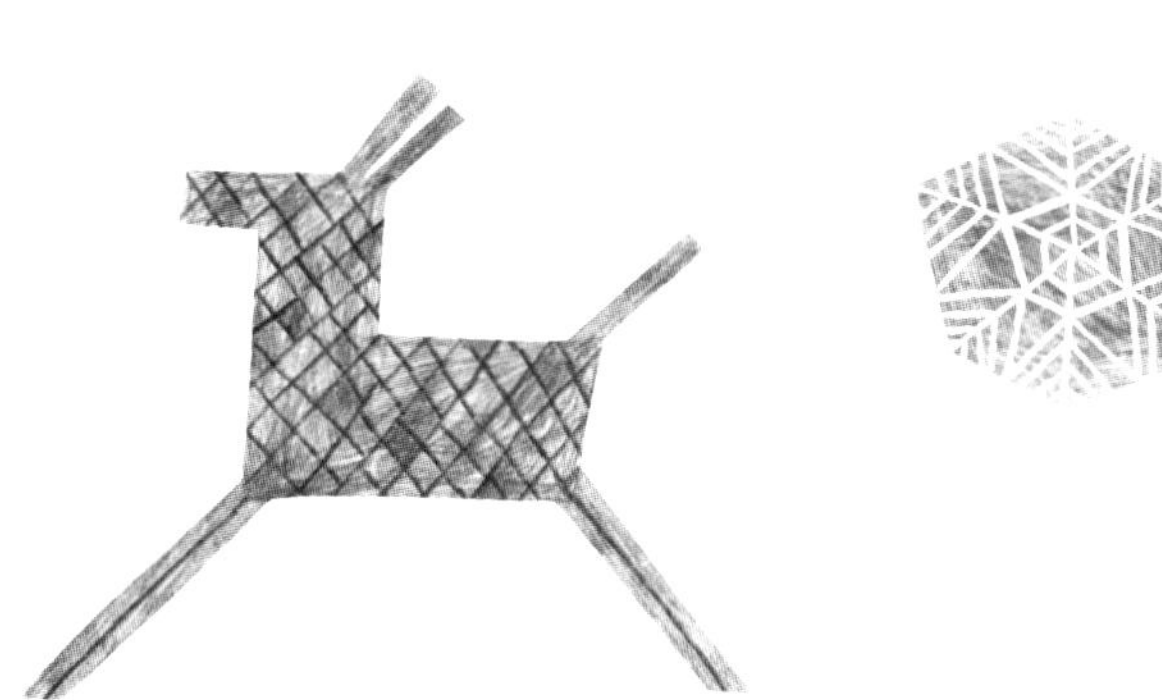

Contents

特集

「あきたこまちはあきた?」

取材・文＝藤本智士
Text＝Satoshi Fujimoto

写真＝浅田政志／鍵岡龍門／船橋陽馬
Photo＝Masashi Asada/Ryumon Kagioka/Yoma Funabashi

絵＝澁谷和之
Illustration＝Kazuyuki Shibuya

3年ぶりの取材が決まり、特集テーマを何にすべきかと頭を悩ませていた頃、地元紙の「秋田魁新報（さきがけしんぽう）」をはじめ、各紙を賑わせていたのが、2022年度のデビューを目指して開発中のあたらしいブランド米の話題でした。長く開発を続けてきたなかで、ついに「秋系821」という新品種があたらしいブランド米に選ばれたということ。モチモチとした食感と強い甘味が特徴のそれは、あきたこまちを超えるとの声もあること。そんな一連の記事を読みながら僕は、ふと、「そう言えば、まだ美味しいあきたこまちを食べたことがないかも」と思いました。

新品種はもちろん楽しみなのですが、それ以上に、そもそも「あきたこまち」はどういう米なのか、あたらしいブランド米の開発を目指すということは、その食味がもはやいまの時代に合っていないということなのか、つまり秋田の人は「あきたこまちにもうあきた?」のか。秋田に8年以上通いながらも、いまだにあきたこまちのことをよく知らない自分に気づきました。

秋田が米どころであることを県外の人たちに強く印象づけているのは、あきたこまちの存在が大きいように思います。だって、こんなにも堂々と地名が入っていて且つ知名度のあるブランド米を僕はほかに知りません。コシヒカリの「コシ」=「越」=「越の国」=「新潟/福井」と認識している人は少なくても、あきたこまちの「あきた」=「秋田」は当たり前に認識するはず。このどストレートなネーミングはいったい誰がどうやって決めたんだろう? それがこんなにも全国に広まったのはなぜなんだろう? 頭のなかが「?」でいっぱいになった僕が今回の特集を組むのは必然でした。

そして2019年5月、いよいよ秋田に大集結したのんびりチーム。あきたこまちを知るべく、怒涛の取材を終えた僕たちはいま、あきたこまちの魅力に完全に取り憑かれています。この特集を読んでもらえれば、きっとあなたも、本当に美味しい「あきたこまち」を食べてみたくなるはずです。

さあ一緒に、あきたこまちを知る旅へ。

藤本智士

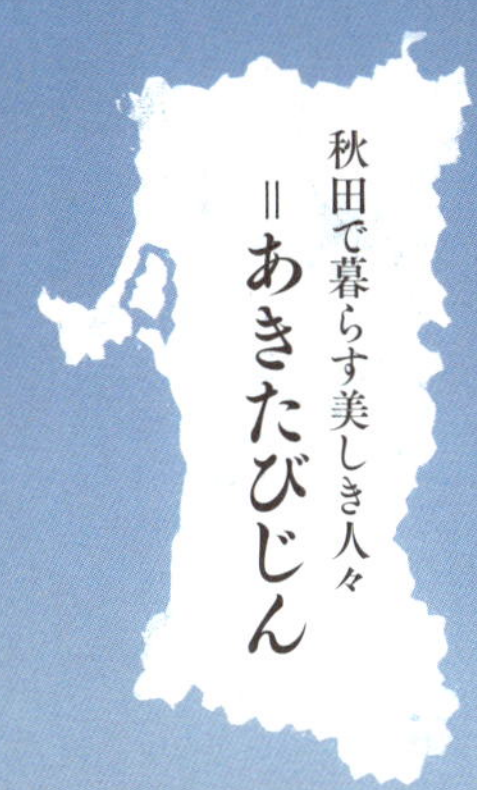

秋田で暮らす美しき人々＝あきたびじん

あきたびじんぶつ相関図

平沢商店

平沢敦さん

秋田県農業試験場 作物部
水稲育種担当 上席研究員
博士（生物資源科学）

川本朋彦さん

あきたこまち開発当時の育種科長

齋藤正一さん

現・JA全農あきた
米穀部参与

児玉徹さん

JAうご うご農業協同組合
営農販売課 課長

奥山久治さん

「のんびり」編集チーム

県外メンバー					秋田メンバー				

藤本智士	浅田政志	鍵岡龍門	山口はるか	服部和恵	矢吹史子	田宮慎	船橋陽馬	澁谷和之	小阪温視

第1章

「あきたこまち」ってどんな米？

よみがえる緊張感

冒頭で「美味しいあきたこまちを食べたことがないかも」と書きましたが、もちろん、あきたこまちを食べたことはあります……きっと。というのも、秋田では当たり前すぎる存在のあきたこまち。地元の飲食店でも、誰かのお家でも、これがあきたこまちだよと、いちいち教えてくれることはありません。だから、あきたこまちなのかどうか、よくわからないままに食してきたと思うのです。

また、関西に住む僕にとってのあきたこまちの印象は、「あの！　あきたこまちがこの値段！」的なSALE商品イメージが強いのも正直なところ。ネームバリューゆえか、なんとなく美味しいお米という認識はあるものの、実際に美味しさを認識しながら食べたことはないんじゃないか？　と気づきました。

久しぶりにのんびり事務所に集合したメンバーに、そんな話をしながら、あらためて今回の取材意図を説明。ここで念のために書いておくと、のんびりは書籍の設計図にあたる「台割（だいわり）」を決めずに取材します。ゆえに、取材スタートの段階では、この人に話を聞ければ終わりとか、ここにたどり着けば終わり、といった取材のゴールが決まっていません。今回で言えば「そもそも、あきたこまちってどんなお米なの？」という漠然とした疑問を、全員で共有するところから始まり、あとは限られた日程のなか、体当たり取材を重ねることで自分たちなりの答えを見つけ、そこから浮かんでくるはずの何かしらのゴールに全員でたどり着くというのが、のんびりです。

兵庫県から秋田入りしている、編集長の僕（藤本）とアシスタントのはっち（山口はるか）。東京から来てくれているカメラマンの浅田政志と補佐のにんにん（服部和恵）。同じくカメラマンの鍵岡龍門。そこに秋田メンバー5名が加わり取材チームは総勢10名。この3年の間に秋田メンバーも成長し、それぞれに活躍しているので、メンバー全員のスケジュールを合わせるだけでも大変です。半年前から調整して、なんとか絞り出した今回の取材日程は4日間。しかも最終日は、毎度大変な表紙撮影にあてているので、実際は丸3日間あまり。いったいどんなゴールを切ることができるのか。のんびり取材独特の緊張感がよみがえります。

そこで今回は、副編集長のヤブちゃん（矢吹史子）にお願いをして、あらかじめ3ヵ所にアポを取ってもらいました。

◉一つ目は、今日これから伺う予定の平沢商店という秋田市内のお米屋さん。

◉二つ目は、いままさに、あたらしいブランド米の開発に当たっている秋田県の農業試験場。こちらは今日の16時頃に伺う予定。

◉そして最後三つ目は、あきたこまち誕生に関わっておられたというかたに明日の午前中にお会いすることになっています。

つまり、明日（5月23日）の午後以降は完全ノープラン。あ〜おそろしい。

手植え体験

平沢商店さんは、これまで何度か訪れている、僕たちにとっては馴染みのお店。店主の平沢敦さんは、家業の米屋を継いで約35年。ちょうど「あきたこまち」誕生と同じ年に米屋になったと聞いて、まずここにやってきたことの意味を感じます。ちなみに僕が一番最初に衝撃を受けた平沢さんの言葉は、「米っていうのは、毎年同じものはできません」という至極当たり前の言葉でした。

あきたこまち一つとっても、その土壌や作り手によってできるものは違うし、同じ人の米であっても、気候の変化から毎年同じものができるわけじゃない。ましてや、あきたこまちはこういう味、コシヒカリはこう、ササニシキはこんな感じなどと、決めつけてしまえるはずはありません。だからこそ、そんな当たり前のことに気づかせてくれた平沢さんに会いに行くことから取材をスタートさせたかったのです。

お店に到着するなり平沢さんがこんな提案をしてくれました。

「いつも小学校で『バケツ稲』というものを使って出張授業をやっているんですよ。実は、その苗が昨日届いたんです。もしやりたいかたがいれば……」「やってみたいです！」そう声をあげたのは県外メンバーだけでした（笑）。

平沢さん（以下敬称略） 実は毎年お店のプランターでも、あきたこまち、ササニシキ、コシヒカリ、ひとめぼれ……と、幾つかの品種を植えるんです。なぜかというと、秋にお客さんに「あきたこまちの新米が入りました」と言うと「じゃあ、ササニシキとひとめぼれの新米もちょうだい」って言われちゃうんですけど、稲の成長には順番があるので、入荷時期がずれるんです。そのとき「この前にある稲を見てください」と。「こっちはまだ青い」とか「こっちはまだ穂が出たばかり」とか……。

プランターとはいえ、初めて手植えした瞬間の土の感触の気持ちよさに感動。

藤本　一目瞭然なんですね。
平沢　はい。背の高さも違うし、色も違う。だから味も違うんだ、と。

取材のスタートにふさわしい、とても貴重な体験でした。

米選び

実は今回僕は、平沢さんにあきたこまちの食べ比べがしたいと相談していました。そこでまずは店内に移動してお米の種類についてお話を伺います。

浅田　（表の看板を見て）お米マイスター？
矢吹　お米マイスターは三ツ星と五ツ星があって、平沢さんは五ツ星お米マイスターなんですよね？

平沢　はい。息子と家内は三ツ星です。
浅田　全国に何人くらいいらっしゃるんですか？
平沢　三ツ星が約3000人、五ツ星が約300人。
一同　ほー！
平沢　秋田は二人ですけれど。
藤本　秋田二人だって！
矢吹　米どころなのに……。
平沢　さて、いまここには約30数種類のお米があります。
浅田　たくさん！
平沢　秋田県産がほとんどですが、最近は秋田県のかたも他県のお米を食べてみたいという声があるので、北海道の「ゆめぴりか」とか、青森の「青天の霹靂」、新潟の新品種「新之助」なんかも準備しています。ですが、思いとしては、秋田の美味しいお米を伝えていきたい。なかでも、あきたこまちについて。「あきたこまちであればみんな同じ」って思っている人が、秋田県でもほとんどです。ですが、うちはこのとおり、あきたこまちだけでも10種類、これ全部あきたこまちです。
一同　へぇ～～!!
平沢　今日は食べ比べをされたいとのことで、このあと食べてもらおうと思うんですが、まずは羽後町で作られている「80（ハチマル）あきたこまち」というお米を選びました。この80というのは、「整粒80パーセント」つまり、100粒あれば80粒の割合、80パーセントが整った形の粒、しっかりした形の粒「整粒」だよっていうお米なんです。加えて、たんぱく質も少なくて、高品質の粒揃いなお米です。
一同　うんうんうん。
平沢　これをやるためには、ここにも稲がありますけれど、この籾から、籾殻を取って玄米にする、その、籾摺りの際の選別機の網目のかなり大きいものを使って、大きい粒だけが残るように選別するんです。
藤本　ほお～。
平沢　「80（ハチマル）あきたこまち」は、あきたこまちの特性としてよく言われている、モチモチ食感ということもあるので選びました。そしてもう一つ、「岩川水系米」という、三種町下岩川のあきたこまち。これは、粒感がしっかりしていて、あきたこまちであっても、モチモチというよりは、あっさりとまではいかないけれども、噛んで弾力があるタイプなので、あきたこまちの比較として、この2つを選んでいます。
藤本　なるほどー。
平沢　で、さらにもう一つ、比較とし

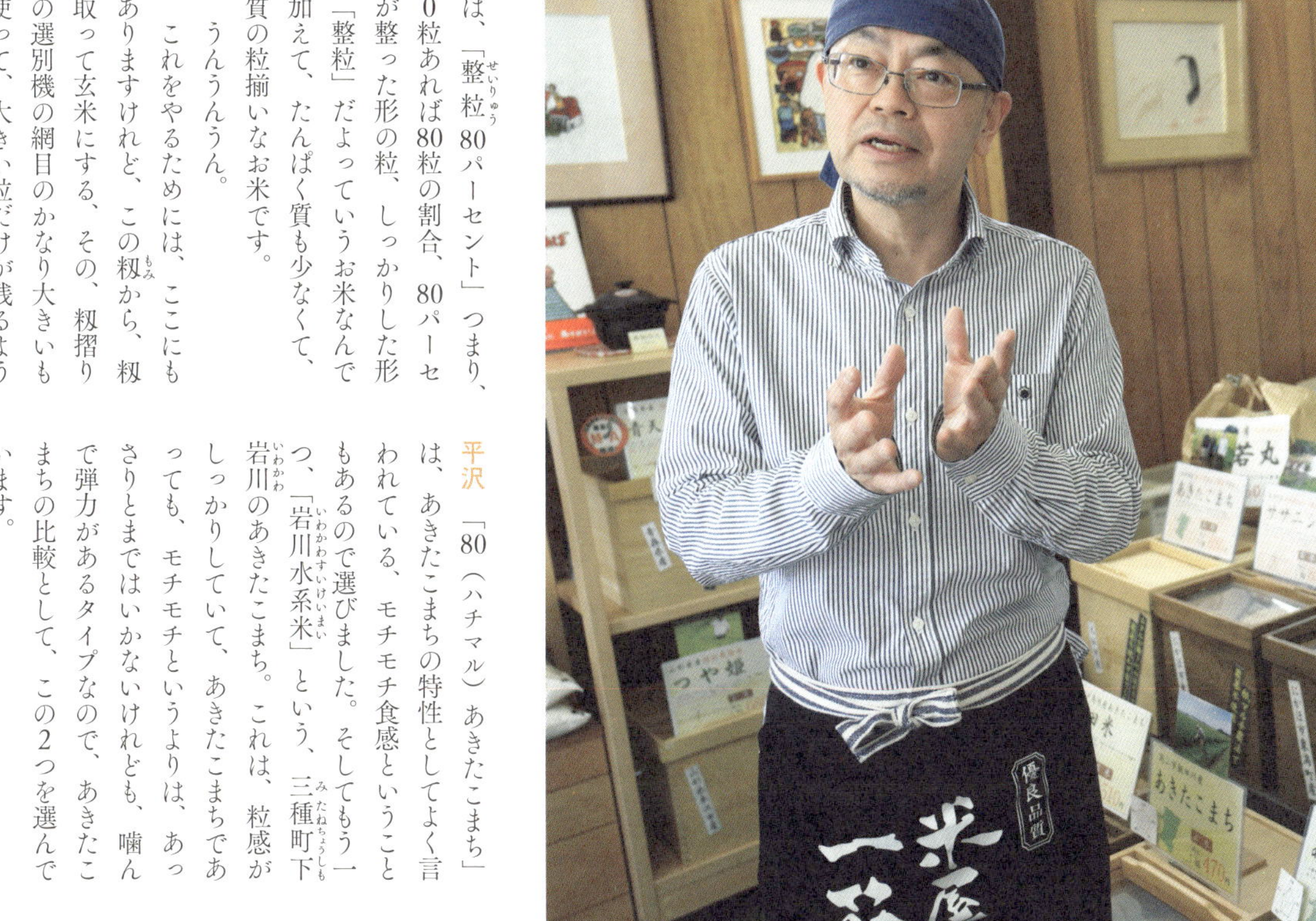

て用意しているのがこちらなんですが……。あきたこまちは今年で35周年なんですけれども、その前まで秋田県内でトップブランドだったのが「ササニシキ」。宮城県で誕生した米です。なのでそれまでは、秋田独自のブランドというのはなくて、ずっとササニシキが秋田のお米ということできていました。ササニシキの特徴は、この表でいうとこのへん。やや柔らかめの、あっさりタイプです。

浅田 あっさり!?

平沢 当時、それが一番美味しいお米ということで、秋田の人たちは食べていたんです。ということで今日は、当時トップだったササニシキも食べて比べてみようと。

一同 うんうん。

平沢 あきたこまちは、コシヒカリの子どもになるんです。「コシヒカリのようなモチモチしたお米を自県産で作りたい」ということで、コシヒカリを親にして作られたんですけれども、正直、秋田ではその頃コシヒカリを食べたことがある人なんてほとんどいなかった。

一同 う〜ん。

平沢 初年度のあきたこまちは、コシヒカリを超える粘りと食味数値を打ち出した、びっくりするくらいのお米だったので、コシヒカリを食べたことがない、ササニシキしか食べていなかった秋田の人たちは、もう、びっくりどころか「こんな米があるのか!」と。

浅田 そうなんだ〜!

平沢 しかも、当時トップであったササニシキよりも価格が安くスタートしたんですよ。それもあって、お客さんとしては買いやすいし、食べてみたいし、初年度で作付けもまだ多くなかったこともあって、最初の年は途中で品切れました。

浅田 なんで安かったんですか?

平沢 そのころのルールで、ある程度の販売実績がないと、一定の値段になれなかったんです。「食糧管理法」というのがあって、米はどこでも同じ価格で販売することになっていて、だから競争というのは全くなく。いまはそれが変わって、原則自由、自己責任、自助努力で販売という時代になったんですけれども。

藤本 なるほど〜。

平沢 いまの話からいくと、みんながササニシキからあきたこまちに変わって喜んだと思われるかもしれませんが、実は、ササニシキの食感に慣れているお客さんは「こんなモチモチした米、食えるか」って(笑)。

一同 ふふふ〜。

平沢 意外に初年度はそういう人が多くて。何年も経っていくうちに、「もっと粘るのないか?」と言われるほどまでになってきましたが、いまだにササニシキは根強い人気があります。特に由利本荘市(ゆりほんじょうし)あたりは、ササニシキからひとめぼれにシフトしてきているものの、農家では「自分の家で食べるのはササニシキ」という人もまだ多いですね。

浅田　ササニシキって減ってきてるんですよね?

平沢　そうですね。なので、希少価値もあります。あとは、寿司屋さんは絶対にササニシキというところも多いですね。しかも、1年落ちの、新米じゃないササニシキ。

一同　へ〜〜!

平沢　なので、前年産のササニシキを保管しておいて、それを精米して出しています。

藤本　なんでですか?

平沢　柔らかすぎるから。ササニシキというあっさりとした食感のものであっても、まだ組織が固まらない、みずみずしすぎるのは寿司に合わないということで。

藤本　なるほどな〜。僕は正直、おにぎりも、モチャってするのが嫌なので、粒が立っているササニシキのほうが好きだなって思ってるんですよ。

平沢　例えば、きりたんぽ一つとっても、お土産屋さんに行くと「きりたんぽはやっぱりあきたこまち」って、当然のようになっているんですが、きりたんぽはもっと昔からあるわけです。

藤本　そうか!!!

平沢　よく考えると、あきたこまちは35年しか経っていない。つまり、その前は、キヨニシキとかササニシキとか、あっさり系のお米で作られていたんです。それが美味しかったんです。だから、うちのお客さんの、きりたんぽの老舗は、ササニシキしか使わないんですよ。

矢吹　それはわかるなあ。モチモチしてるより、粒が立ったやつのほうがいい。

藤本　粒が立ったやつを半殺し(きりたんぽを作る際に米の粒感を残して潰すことを秋田では「半殺し」という)にしたほうが絶対ちょうどいい!

平沢　モチモチしたのを半殺しにすると、もう、ベタベタになっちゃう。

一同　わ〜そうだ〜。

平沢　でも、県外の人には「あきたこまちを使ったきりたんぽです」って言ったほうがうける。

藤本　難しいところだな〜。

矢吹　いかにあきたこまちが秋田のものとして刷り込まれてるかっていうことですね。

平沢　ということで、今日はこの2種類のあきたこまちと、ササニシキを食べ比べしましょう。

一同　はい!　お願いします。

第2章

「あきたこまち」を味わう

ごはんの炊き方教室

平沢さんに案内いただいてやってきたのは、お店から徒歩で数分の「旭北地区コミュニティセンター」。平沢さんは、たまにこちらでごはんの炊き方教室をされているとのことで、せっかくならばと僕たちも美味しいごはんの炊き方を教わることに。

平沢　では、始めましょうか。さっきの「岩川水系」と「80」と「ササニシキ」、この3つを炊いていきます。

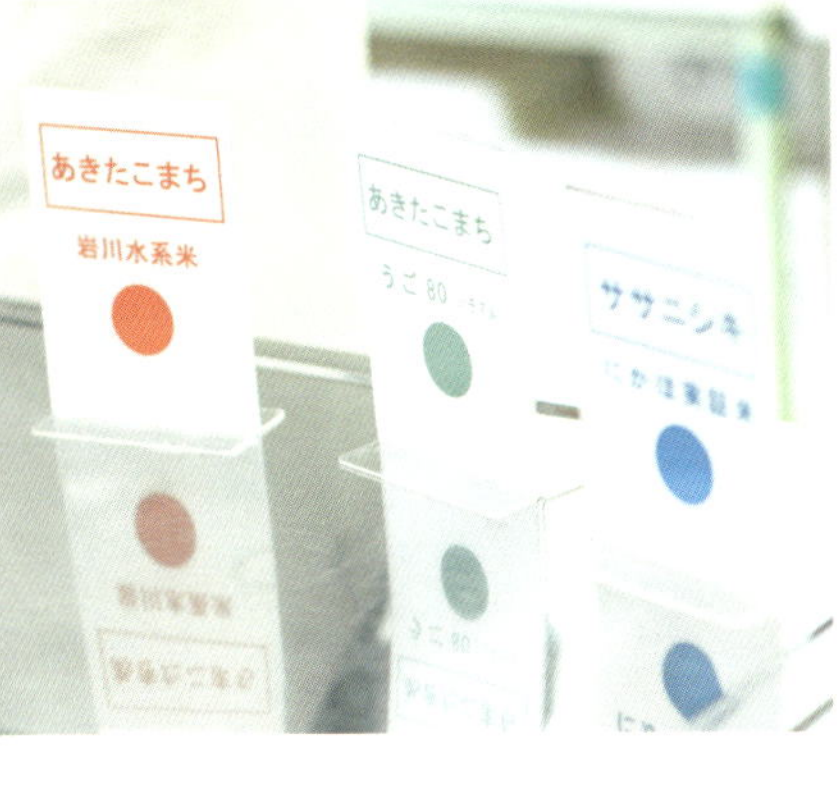

実はこういったお米の炊き方教室を年に10回くらい開催しています。対象は一般の奥様がたが多いんですけれど、正直、参加されるかたは、毎日やっている作業なんで「いまさらごはんの炊き方なんて」というかたもいらっしゃいます。業務用米の炊き方講習会の場合は相手が職人さんなので、さらに顕著です。つまり、ごはんを炊くことが料理の一部に入っていない。

一同　あ〜〜〜。

平沢　大事なことなのに、おざなりになっていることが多いんです。

まず、お米の計量から。

鍵岡　計量!?

平沢　はい。最近はこのように、炊飯器を買うと必ず付いてくる1合のカップで量るかたが多いと思います。これはなかなかの優れもので、擦り切り一杯にすると、白米が150グラム、ほぼピッタリになります。

一同　うんうん。

平沢　このカップで量るときに、（ざっとすくって山盛りな状態で）「はい、1合」ってやりますよね。この「はい、1合」、これは多いですよね？　ほんとはこれを、（箸で擦り切って）こうやらなきゃいけないんです。かと思えば逆に几帳面なかたが（トントントンとやって）こうして「しっかり詰めました、はい、1合」とやってしまう人もいる。

一同　あ〜〜。

平沢　山盛りもトントンやったのも両方、10グラム多いです。

一同　へえ〜〜!!!

平沢　1合であればたった10グラムですが、3合になれば30グラム、4合になれば40グラム多い。なのに「私は炊飯器の線ピッタリに水を入れたのに米が硬い」というかたがいる。それは当たり前ですよね。なので、あまり考えすぎず、ざっくりすくったのを、すっと擦り切るだけで、150グラムになります。

浅田　うわぁ〜やってないかも。大事なんだな〜。

平沢　ごはん教室に来た奥さんたちも「ああ、やってないわ」って、ほとんどのかたが言うんです。さあこれで計量が終わりました。次に、お米を研ぐという作業になりますが、お米の美味しさを決めるポイントとして、「よい玄米であること」それから「よい精米であること」それから「よい炊飯であること」。この3つが揃えば、品種によって味の違いはあっても、美味しいごはんが炊けるはずです。美味しい玄米はうちで買っていただいたとして、特に精米については、米を白くするほど美味しい、と考えているかたがたくさんいます。

一同　う〜ん。

平沢　最近は玄米を30キロで購入したり、実家からもらったりしたとき、特に秋田の人は多いんですけど、よくあるコイン精米機で精米されます。するとスイッチ一つで玄米が白くなるんですね。その機械の切り替えが、一番白い「上白」、次に「白」、ときには七分とか六分というのがある場合もあります。大概のかたは、一番上の「上白」というのでやっちゃうんです。真っ白だと美味しいから、と。

浅田　よさそうな感じがしますよね。

一同　うんうん。

平沢　上白でやった玄米は、精米したてに触ると熱いんです。触れないぐらい熱い。その熱が、米にとって最悪。摩擦で白くはできるかもしれないけれど、温度が上がるということは、水分が蒸発して飛んでしまう。

一同　はあ。

平沢　お米の水分は、玄米で15パーセントというのが理想だと思っています。優しく精米して白米にしても、0・5パーセントは減るので、14・5パーセント。上白でやってしまうと、14・5パーセント以下になってしまうことがあります。水分が減ると食味も落ちるし、欠けたり、割れてしまう米もたくさんでてきます。割れてしまった米は、いくら高級な炊飯器を使っても、糊が出てベタベタになってしまう。もう取り返しがつかない。それを食べているかたが、実は世の中にはたくさんいるんです。

一同　う〜ん。

平沢　なので、その米の水分値にもよるんですが、コイン精米ならば「上白」よりも一つ前の「白」くらいに仕上げるのがよいんじゃないかと思います。この紙を見てください。玄米から、五分づき状態にして、七分づき状態にする。そして、精米のAとBというのがあります。うちの場合は、玄米を、ゆっくり少しずつ剥いていくことで温度を上げずに白米に仕上げます。その白米は、この図でいうとAというのが私の理想です。なぜかというと、精米Bのほうは胚芽が全部取れちゃってる。そうすると、旨味が減ってしまいます。Aのように胚芽の底目を残すくらいの精米で、周りに付いている旨味層というのも残ります。最近は精米

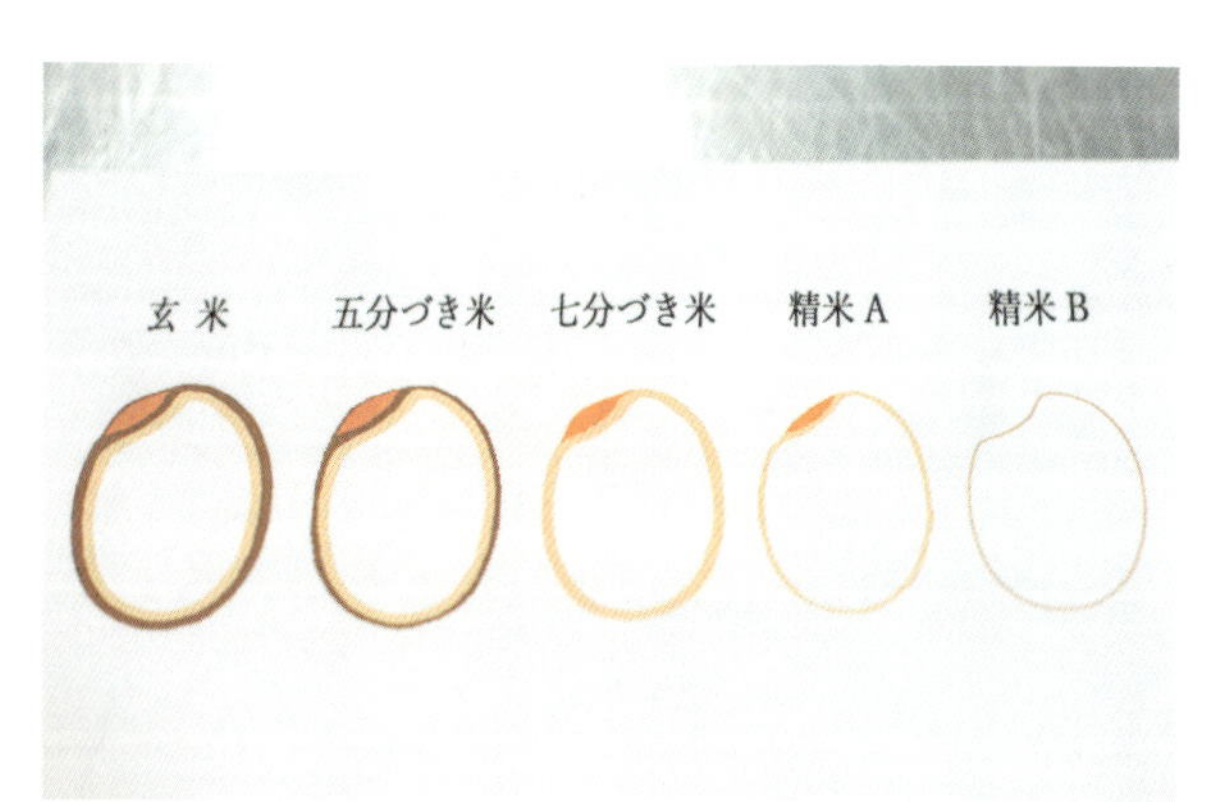

機の性能もよいので、昔のようにゴシゴシ研ぐというよりは、軽く洗うという程度でよいのですが、やってみます。

まずは水をさっと入れて捨てます。これは、研ぐのではなく洗うという作業です。そのあと、研ぐのは、軽く手をこのようにして（軽くすぼめて）。昔は、掌（たなごころ）でゴシゴシと、おばあちゃんがやっていた記憶があるかたもいるかもしれませんが、いまはそれをやっちゃうとお米が割れちゃうので、こんなふうに（軽く混ぜるような動き）研ぎ始めます。

浅田　最初の数秒で一気に水を吸うんですよね？

平沢　そうです。お米は乾物なので、最初に洗った時点でもう4〜5割吸います。

一同　ふ〜ん！

平沢　最初に洗った水が糠（ぬか）っぽかったりすると、その糠臭さを吸収してしまうので、洗うのは素早くやるのがコツです。では、やっていきます。

浅田　どのくらいやるんだろう？　真っ白になるまでかな……。

平沢　まずは、もう一度お米を洗うところからやりますね。水を入れて数回かき混ぜて、これで洗うのは終わりです。

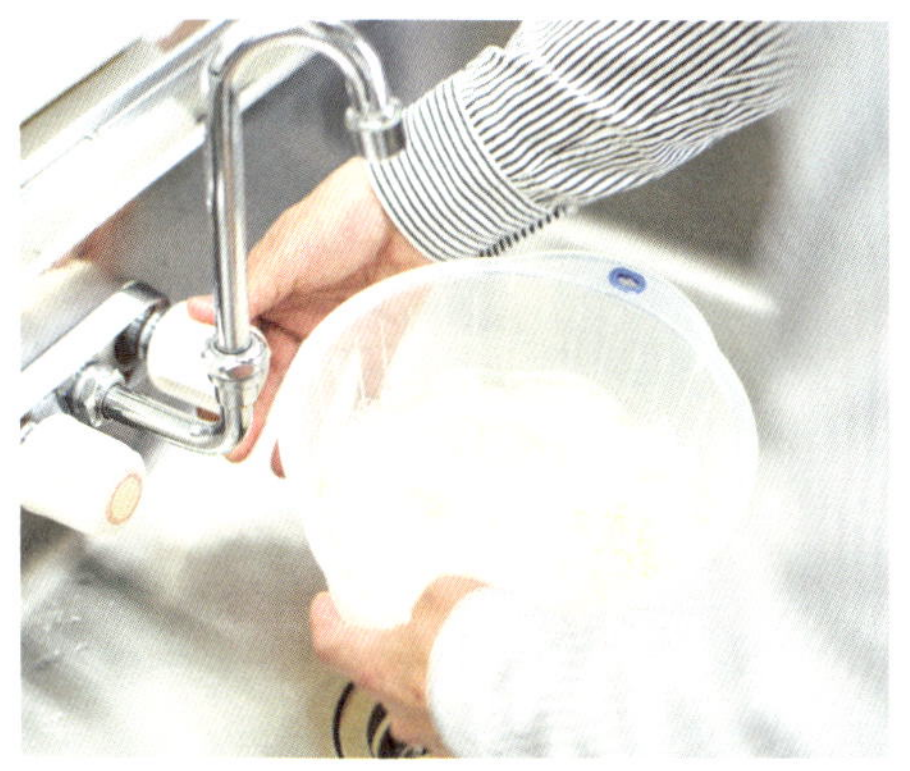

浅田　はや！

平沢　研ぐのは、水をひたひたではなく、ちょっと張ったくらいで。今日は3合なんで、20回かき混ぜる。

一同　なるほど〜。

平沢　これで、お米を研ぐというのは終わりです。

一同　え〜〜〜!!!

平沢　これが1回目の研ぎ水。

（カップに研ぎ水を入れる）

藤本　牛乳みたい。

鍵岡　濃い！

平沢　このあとからは、もう、すすぐんです。洗濯機のすすぎと一緒です。で、これが2回目のすすぎ水。さらにすすいで、これが3回目のすすぎ。

一同　お〜〜〜。

平沢　これで、お米を研ぐ行程は終わりです。

浅田　え？　もう終わりですか!?

平沢　「透明になるまで研がなきゃ気が済まない」というかたもいっぱいいます。ですが、これ以上研いじゃうと、お米の表面にある旨味層がどんどん溶け出て、永遠に透明になることはありません。美味しさを流してしまっているんですね。そうやって炊いたものは、真っ白かもしれませんが、先ほどから話している、旨味がない米になってしまう。

浅田　主婦のかた、びっくりするんじゃないですか？

平沢　そうですね。でも、そのあと、聞いたとおりにやったら美味しくなったって言ってもらえますね。

一同　お〜〜〜！

浅田　でも、なんとなくいつものやり方と合ってたな。

藤本　ていうか、さっきから浅田くんの食いつきがすごい。

浅田　おばあちゃんの旧姓が、白米（はくまい）なんですよ。

一同　は?!!!

浅田　そっちの苗字がよかったなっていつも思うんだよね。

藤本　白米政志……？

浅田　ほかにもいらっしゃいますよね、そういう苗字。

平沢　聞いたことない！

一同　はははは～～!!!

藤本　マイスターも聞いたことない！

浅田　どうも、白米です（笑）。

藤本　それ本当の話？

浅田　いやマジでほんとです。

平沢　さて、ここからは浸水。お米を水に浸す。最近はお米を研いで、炊飯器に入れて、目盛りに合わせて水を入れたら即スイッチ、というかたがいる。

一同　あ～～～。

平沢　本当はここで浸水を理想は2時間。

鍵岡　2時間～～！

船橋　新米のときはまた違ったりしますか？

平沢　そうも言いますが、本当は新米も、1年経っても、冬場も夏場も2時間。

一同　え～～！

平沢　あと、水の量に関しても、炊飯器の目盛りに合わせて水を入れたら、それが正解でしょ、というかたも多いんですが、実はこの目盛りはコシヒカリを基準に作ってるんですよ。

一同　え～～！

平沢　なので、その目盛りであきたこまちが合うかどうかは、炊いてみないとわからない。一度は目盛りピッタリでいいんですが、硬めだったら目盛りの線が被るぐらい、柔らかめだったら線が出るくらいに調整して。

浅田　そんなに微妙な調整なんですね。

平沢　それでだいぶ違います。0・5パーセントのプラスマイナスで、炊きあがりが全く変わります。ただ、さっき2時間の浸水と言ったんですが、炊飯器によっては、浸水も自動でしちゃうというものがあります。実は最近販売されているほとんどの炊飯器がそうなっています。

浅田　スイッチを押したあとに浸水をする？

平沢　はい。研いですぐにスイッチを入れても、そのあとに自動で浸水し始めます。浸水させる方法が機種によって違っていて、「予熱タイプ」というて少しずつ温めていって浸水させるのが一番簡単なもの。

一同　うんうん。

平沢　最近は10万円を超える高級炊飯器がありますけれども、それらの多くは、中を真空にして強制的に米に水を吸わせるので、ふつうどおりに浸水してからスイッチを入れるとベタベタのごはんになってしまう。

一同　へ～～～！

平沢　うちのお客さんでも「炊飯器をいいのに変えたんですよ」と言ったとたんに米がものすごく柔らかくなったというかたもいました。なので、浸水モードを切るか、浸水しないですぐに炊くかとなります。

浅田　説明書読まなきゃわからないね～！

平沢　そうなんです。炊飯器の説明書を読む人って、ほとんどいないんですよ。

（炊きあがりを知らせる音が鳴る）

あ、事前に用意していたものがちょうど炊きあがりました。ひと昔前の炊飯器であれば、このお知らせが鳴ったあと、10～15分は蒸らしという行程があるので、フタを開けちゃだめというふうに言われてきたかもしれません。

一同　うん、うん。

平沢　最近の炊飯器は、蒸らしが済んでからお知らせが鳴ります。

一同　へ～～～！

平沢　なので、これからやらなければならないのは、少しでも早くほぐすこと。

鍵岡　そうなんだ!!

平沢　炊きあがっているので「もう開けてよ！」と叫んでいる状態。中の蒸気が釜にぶつかっているので、開けてあげないと蒸気が水になって、炊きあがったごはんの上にベタベタ落ちます。

一同　うんうん。

平沢　それでまずくなってしまった状態を「釜がえり」っていうんです。ここから、フタを開けて米をほぐしてもらいますが、炊きあがったあと、これだけは人間がやらないといけない作業です。フタを開けたら、十字に切り目を入れます。そうしたら、四方から天地返し。下から上に切るようにざっくりと。練り込むのではお米が潰れてしまうので、そうならないように。お米一粒一粒が空気に触れることでツヤが出ます。それから、余分な蒸気が逃げていくということで、このほぐしが必要なんです。天地返し。切るように。はい、では食べましょう！

一同　やった―！

味比べ

調理スペースのすぐ向かいにある座敷に移動して、お昼ごはんを兼ねて全員で食べ比べしてみます。

平沢　みなさん、味はもちろんなんですが、まずは外観と香りというのもポイントです。

浅田　そうだった！

一同　いただきます!!

藤本　僕は羽後の80が好きな感じかもな～。ササニシキを食べてからあきたこまちを食べたら、あきたこまちのほ

うが旨味を感じる。

矢吹　藤本さんは、本来はササニシキが好きでしたよね？

藤本　うん。なんか覆ったかも。羽後の80がいい！

浅田　ササニシキに比べたら、80はどっしりしてる。

矢吹　羽後80、すごく甘い。見た目からして違いますもんね。

藤本　あきたこまち、美味しいねぇ！

一同　はははは〜！

矢吹　80むっちり。嫌な柔らかさじゃない。

藤本　ササニシキは、また酢飯とかにしたら違うんだろうなあ。

浅田　おにぎりとかはどうなんですか？

平沢　あきたこまちは合わないっていう人もいますけれども。

藤本　これならおにぎりでも全然いい！

鍵岡　冷めても美味しそう。

平沢　農業試験場で新品種の食べ比べをするときは、炊きたてなんて食べないんです。炊飯器の上にふきんを置いて、30分〜1時間冷ました状態のものを試食します。

一同　へ〜〜〜！

平沢　うちも、朝昼晩、違う米を炊きますが、朝炊いたものが昼どうなっているかがポイント。

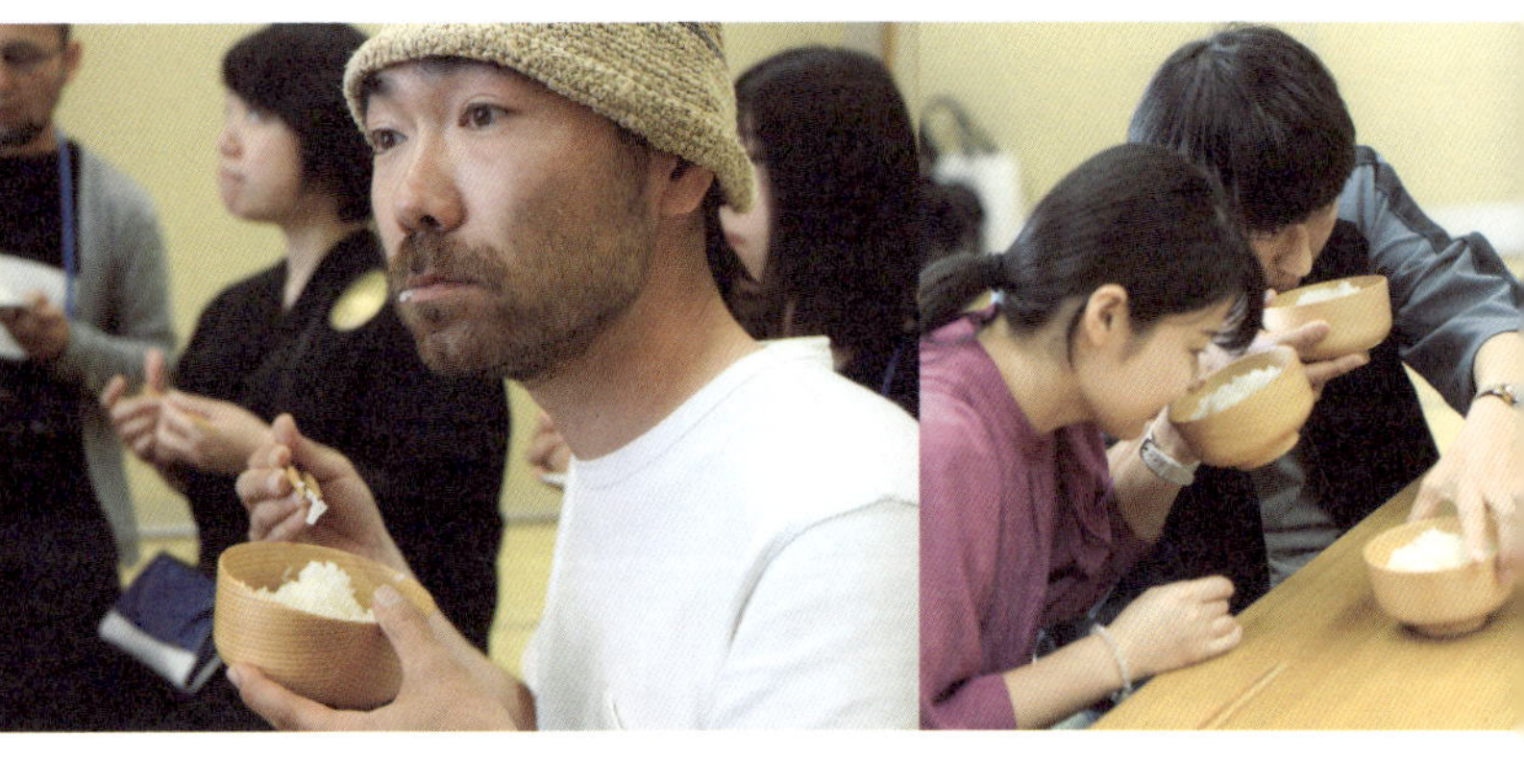

一同　へ〜〜〜！

平沢　お客さんは、朝炊いたものをお弁当にして昼に食べるわけですから。

一同　なるほど〜。

浅田　香りもいいなあ〜。

平沢　岩川水系っていうのは、三種町なんですけど、そこは昔から美味しい米が穫れるんです。7〜8年くらい前に「なんで美味しいのか？」ということで県立大学にお願いして、生徒さんたちが土壌を調査したんです。そしたら、ケイ酸という成分が美味しい米の穫れる場所には多かったというのがわかって。

一同　へぇーーー！

船橋　平沢さんのなかで、良い農家さんってどういうかたなんですか？

平沢　肥料構成とか、肥料をやる時期だとかを変えることで、品質が全く違うものになるので、それをデータを取りながら「去年はこうだったから今年はこうしよう」と常に取り組んでいる農家さんはいいですね。

一同　うんうん。

平沢　よくいるのが「俺の作った米が一番うまい」と言っている農家さん。たしかに、自分が作ったものに自信を持ってもらわないと困るんだけど、持ちすぎの人がね。

一同　あ〜。

平沢　「じゃあ、なんで美味しいんだ？隣の人の米とはどこが違うんだ？」って聞くと「俺のしか食べたことはないけれど……」って。

一同　ふふふふ。

平沢　本当に信頼できる人は、自分の欠点を知っています。自分の米はちょっと色が黒いとか、ちょっと粒感が足りないとか。でもそれをどうやって克服していくかっていうことで、今年はこうしようと思っている、というような相談をされる。それを受けて、うちは精米したらこうなるよ、とか、自分の感想を伝えますが、農家のかたは、お客さんがそれを食べてどういう反応だったのかということを一番聞きたがるのでそれも伝えます。正直、だんだんお客さんが離れていってしまう米もあります。それも言いにくいんだけど伝えます。なんでもかんでも美味しかった、ではよくないので、どこがどうわるいかも伝えます。

藤本　ちなみに、80の生産者はどういう人なんですか？

平沢　80は羽後町のうご農協から仕入れていて、直接農家さんから仕入れているわけではないんです。

藤本　え！　個人の農家さんじゃないんですか？

平沢　大もとは個人の農家さんではあるんですが、うご農協とは長年の付き合いもあることから、農協がうちの店に合わせてその年のできのいい農家さんのものを選んでくれているんですよ。

藤本　へぇ～。ちょっとびっくり。農協にもいろいろあるんだなあ。

矢吹　そうですね。

藤本　駅前とかで平沢さんの選んだお米を食べ比べできるお店があったら最高なんだけどな～！

矢吹　米スタンド、やりますか!?　一度に食べ比べるということもなかなかしないですからね。

藤本　おにぎりって具の違いばっかり言われるじゃないですか。

矢吹　そうですよね！

藤本　じゃなくて、違いは米の品種で、全部塩にぎりとかあったら絶対いいなって思う。

浅田　1個を小さめにしてね。お腹いっぱいになっちゃうから。

矢吹　コーヒーみたいに、気分で「今日はあっさりめがいい」とか選びたいですよね。

第3章

あたらしいお米を育てる人

農業試験場へ

平沢さんとの時間の学びの多さは想像を遥かに超えていました。そして、あきたこまちの美味しさも。みんなあきらかに食べ過ぎで、その結果、取材メンバー全員眠くて眠くて仕方ない(笑)。しかし今日はこのあと、もう一つ大切なアポイントがあります。新品種の開発に勤しむ秋田県の農業試験場のかたとのお約束です。コンビニコーヒーで眠気を吹き飛ばしつつ、一旦、状況整理します。

食べ比べの結果、多少の好みはあるものの、全員の評価が高かったのがJAうご(羽後)が販売している「80あきたこまち」でした。そこで、平沢さんにJAうご営農販売課長の奥山さんというかたの連絡先を伺い、アポイントをもらうべく連絡をとってみることにします。どう転ぶかはわかりませんが、少なくとも僕は「80あきたこまち」をもって、初めてあきたこまちの美味しさを知りました。あのお米がどういう経緯で生まれたのか直接聞いてみたいと思いました。

さて、約束の時間より少し早く着いた秋田県農業試験場は平沢商店から約30分の距離。いま県内の各メディアを賑わせているあたらしい秋田ブランド米の育種を担当されていた川本さんというかたにお話を伺えることになっています。そもそも米の育種とは何をするのか？　新品種はどういうステップで生まれるのか？　あきたこまちの誕生にも思いを馳せつつ、まずはお話を聞いてみます。

秋田県農業試験場　作物部
水稲育種担当　上席研究員
博士(生物資源科学)

藤本　川本さんは、新ブランド米をご担当されている？

川本朋彦(かわもとともひこ)さん(以下敬称略)　そうですね。水稲育種担当といって、稲の品種改良をする担当ですね。

藤本　具体的にはどういうことをされているんでしょうか？

川本　秋田県の場合は、大きく2本柱の育種目標、つまり開発する品種のテーマがあって、一つは、いま出そうとしているような良食味品種。一般食用のものですね。そしてもう一つが酒米。大きくはその2つの育種を担当しているんです。

藤本　具体的に、品種改良って、どういうふうにされているのかが、全くわからなくて……。

川本　品種改良といってもいろんな手法がありますけれど、一番ポピュラーな方法が交配育種。雌しべを残すお母さん稲と、そこに花粉をかけるお父さん稲を別々の品種から選んで、それを交配して、そこから選抜するんです。

藤本　交配っていうのは、どうやってするんですか？

川本　だいたい、7月の下旬から、秋田だと8月のお盆くらいに稲の花が咲くんですけれど、お父さんとお母さん、両方の花が咲くタイミングが合わないとだめなんで、交配する前日にお母さんのほうを、田んぼからポットに鉢上げして暗室に入れておくんです。稲は真っ暗な部屋だと花が咲かないので。

藤本　ふ〜〜ん。

川本　それで、次の日の朝にお父さん稲の稲穂をたくさん取ってくるんですよ。それを水に入れて生け花状態にしておくと、だいたい11時くらいに花が咲き始めるので、そのタイミングでお母さんのほうを暗室から出してきて、ジョユウって言って、お母さんのほうの花粉を殺すんです。

矢吹　ジョユウ⁇

川本　ええ。除く雄で「除雄」。アクトレスの「女優」ではない。

一同　はははは！

川本　43度のお湯に6分間稲穂を浸けておくと、花粉だけ死んで、雌しべは生きているという状態になるんです。

一同　へ〜〜!!

川本　そうなったところに、お父さんのほうの花粉をかけてやると、別々の品種の混ざり合った種ができる。

一同　は〜〜!!

矢吹　どのお父さんにしよう、お母さんにしようというのは、アタリをつけておくんですか？

川本　そうですね。作ろうとしている品種に合わせて。基本は両親のいいとこ取りなんで、美味しくないけど病気に強い品種、美味しいけど病気に弱い品種があれば、その2つを合わせて美味しくて病気に強い品種を作る。

藤本　下手したら、病気に弱くて美味しくないのができる可能性だってある？

川本　そうですね。

矢吹　わるいとこ取りの。

川本　わるいとこ取りの種（胚芽米）も当然出てくるんで、そういう、いろんな特徴があるもののなかから、本来の目的にあっているものを選び出して育てていくっていうのが、その次の年から始まる。

矢吹　果てしな〜！

川本　それを10年くらい繰り返してやっと目的のものができる。

一同　へ〜〜〜。

藤本　今回の新品種も、いまこうやって公表されるに至るまでは、当然、同じくらいの年月が経ってるっていうことなんですか？

川本　そうですね。いまの新品種は、平成22年に最初の交配をやっているんで。もうすぐ10年。

藤本　22年に交配をするときの目標というのは、どんなコンセプトだったんでしょう？

川本　一番の大きなテーマは「良食味」。

矢吹　食べて美味しい、ということ？

川本　はい。

藤本　そこが不思議なんですけれど、美味しさって、人それぞれな気がするので、どういうところで「これは美味しい」という判断をするんですか？

川本 個人個人で当然、うまいとかまずいとかという意見があると思うんですけれど、誰の意見を聞くとかではなくて、研究所として、統計的に処理してよいものを選びます。

藤本 こういうものは美味しいといわれる、とか、美味しいものはこういう数値が高いとかってことですか？

川本 統計値ですね。多数決で一番いい米、みたいな。食味官能試験っていって、穀物検定協会でやっているやり方なんですが、外観、味、香り、粘り、硬さ、総合値の6項目について、それぞれ、パネラーがごはんを食べて点数を付けるんですよ。

一同 は〜。

川本 20人なり30人なりがその試験をやって、その点数を統計処理して、一番いいもの選ぶ。

藤本 そのパネラーには、どうやったらなれるんですか？

川本 来ていただければなれます。

一同 え〜〜〜!!!

藤本 ほんとですか!? 行きたい！

川本 基本は農業試験場の職員でやるんですけれど、来るものは拒まず。

藤本 へ〜〜!!

矢吹 今日は……？

川本 今日はないです。10月から3月くらいで。

藤本 当然米ができたときでないとですね。

川本 ただ、誰でもいいかっていうとそうではなくて、ちゃんとした評価のできる人を、実はこっそり審査しているんです。

藤本 受け入れをして、食べてもらって、その判断というのを逆にジャッジしているっていうことですか？

川本 はい。

一同 わ〜〜〜！

矢吹 それじゃあ、自分のジャッジが選ばれているかわからないっていうことなんですね。

川本 はい。それはオープンにしない。それである程度年数が経って有望なものについては、本家本元の穀物研究協会にちゃんとお金を払ってお願いして、試験してもらう。

藤本 それはどこにあるどういう組織なんですか？

川本 東京に本部があって、札幌、仙台、大阪、名古屋……何ヵ所かにあるんです。例えば、一つのものを評価するとき、一ヵ所だけじゃなくて何ヵ所かでやって判断する。

藤本 そんな協会があるんですね。

川本 全国の食味ランキングというのはご存知ですか？ 特Aとか。

矢吹 特Aというのは聞いたことがあります。

川本 毎年2月くらいになると、それに一喜一憂しているんですけれど。そういうのをその協会が評価している。

藤本 なるほど。平成22年に良食味のものを作ろうっていうふうになったってことですけど、いつの時代も美味しいものはほしいじゃないですか。

川本 あきたこまちが昭和59年にデビューしてから、あきたこまちに続く良食味品種の育種はずっとやってきたんです。ただ、あきたこまちの食味で、

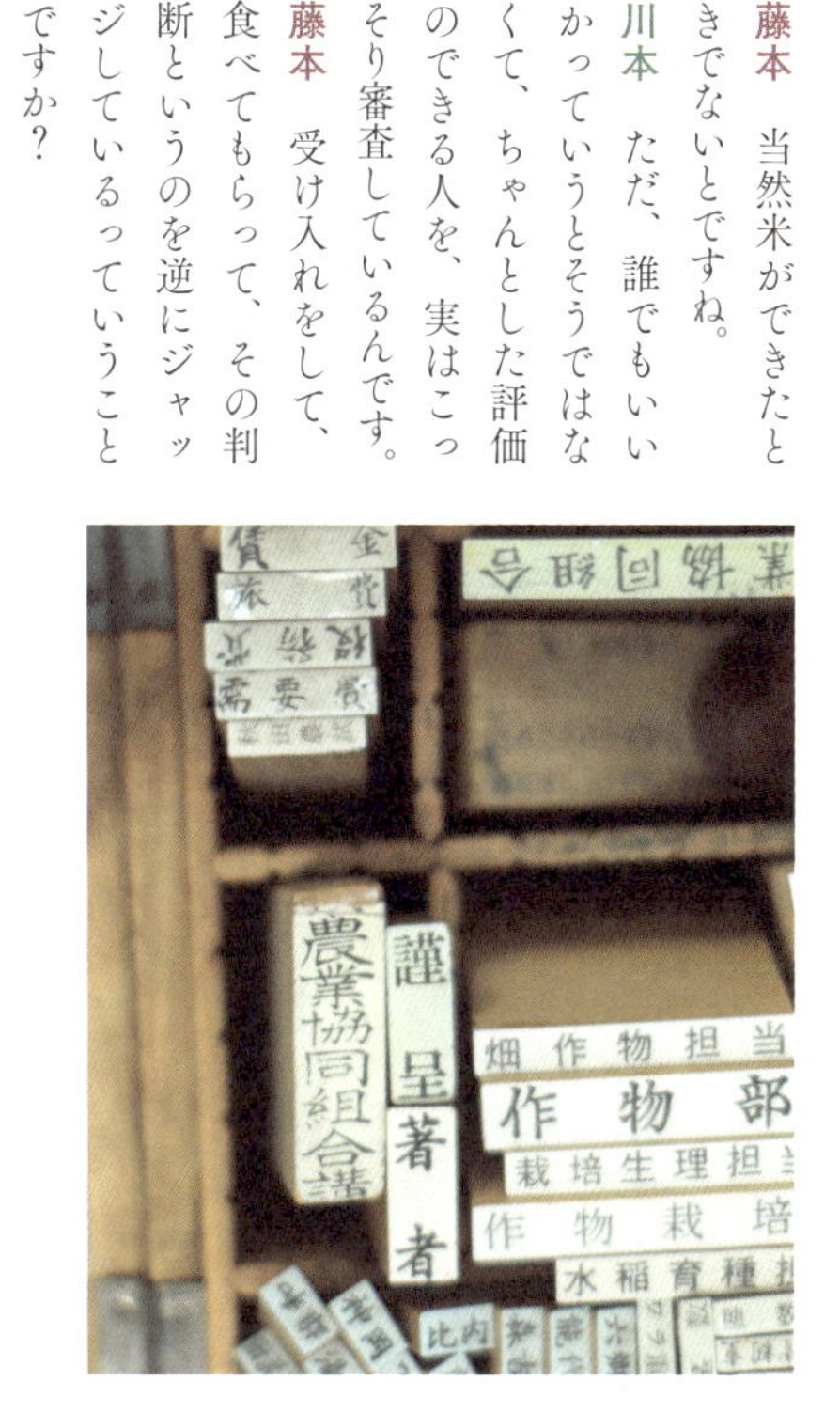

栽培特性を改良したものというような目標でずっとやってきたんですけど、だんだん、市場のニーズも多様化してきて、ブランド米ブームというのが再燃したというか。

一同　うんうん。

川本　つや姫とか、ゆめぴりかとか、新たな品種が出てきて、それに続いて県でもいろんな品種を出してきて。あきたこまちの延長の食味だと埋没してしまうんで、さらに美味しいものが必要ですねっていうことで。

藤本　でも、あきたこまちが出た当時、昭和59年頃においては、すごく美味しいお米として出たわけですよね。

川本　そうですね。品種そのものの評価として、あきたこまちがわるいとかそういうことではなくて、あきたこまちも当然全国で戦っていけるくらいの食味のいいものもあれば、わるいものもあって。

藤本　じゃあ、あたらしいものを打ち出して、そのムラがないものを作らねば、というのもあるんですか？

川本　あきたこまちは秋田県以外でも奨励品種になって、いろんなところで栽培されているんですけれど、特に関東圏のものはスーパーの安売りになるようなことがあって。ブランドイメージが、どちらかというと安売り商品になってきている。

矢吹　それ、秋田で暮らしているとわからなかったんですよ。

藤本　関西でもあきたこまちの安売りを見かけます。でも、知名度があるので「あのあきたこまちがこんなに安い」みたいな、そういう印象がありました。

川本　そもそもあきたこまちは、秋田県の品種としてデビューしたんですけれど、他県で栽培してもOKですということで出したんで、いろんな県で栽培されたんです。それがわるいってことではないんですけれど、そのへんが米の品種の難しいところで、ある程度の大きいロットがないとブランド品種としては認知されないっていうのもありますし、他県で作ってもらうといろんなものが出ちゃうっていう。

矢吹　よその県はそこまで広く出さないものなんですか？

川本　最近の品種はそうですね。他県には栽培させないっていうものが比較的多いです。

藤本　あきたこまちは、それこそ隣県の岩手とかも、結構な割合で作られてますよね。

川本　そうですね。

矢吹　さっき、私たち、お米を食べてきたんですけれど、いろんな美味しいがあるなあって思ったんですよね。モチモチしていて美味しいとか、あっさりして美味しいとか。そのうえで、新品種でいうところの良食味って、具体的にどういうものなんですか？

川本　たしかに、美味しい米って何？って聞かれると一番困るんですけれど、わかりやすく言うと、いまの市場のニーズというか、トレンドに合わせているっていうところはあります。

藤本　トレンドはどういうところにあるんですか？

川本　まずは外観。

藤本　見た目！

川本　第一印象はすごく影響するんで。

藤本　ツヤツヤしてて美しい、みたいな。粒が大きくて、とか。

川本　ええ。白さとか。

藤本　そのほかにもあります？

川本　あとは、適度な粘り、ですね。

矢吹　トレンドを狙うというのもわかるんですけれど、あえてトレンドの逆を行くっていう選択はなかったんですか？

川本　ああ。そういう、食べていてちょっと違うなっていうのもありましたね。トレンドと違うけれど、これは残しておくかっていうのは。

矢吹 でも、今回はトレンドに寄ったほうに。

川本 そうですね。

藤本 ぶっちゃけ、川本さんの好みはないですか？　これうめぇな！　とか。

川本 自分は家であきたこまちを食べてるんで、食べ慣れてるのはうまいと思いますね。

藤本 そうかそうか。川本さんは、あきたこまちが一番好き、と。

川本 ……ん〜、ふふふ。

一同 ははは！

川本 でも、いまの新品種は試験場内でしか食べないんですけれど、こまちの上をいってるなって思いますね。

一同 お〜〜!!

藤本 上をいっているってすごい。

矢吹 初めて食べたときに「お〜!!」っていう感じはあったんですか？

川本 いや、初めて食べたときのことなんて、誰も覚えてないと思います。

矢吹 あ〜。何年もかけてきているから。

川本 何回か食べて、結局、最後に残ったのがこれで、あらためて食べてみるとやっぱりうまいんだな、というふうに納得する。

矢吹 そうかそうか。これだ！　ということではなくて、数あるなかから選ばれていっているから。

川本 そうです。たまたま一回の食味試験でよい成績だからといって、我々はそれを信じない。

一同 おお。

川本 何回もやって、同じように美味しかったら初めて信じますけど。1回2回美味しいからといって、それを本当とは思わないですね。

藤本 なるほど。じゃあ、いまも、新品種以外にもっと先を見据えて交配させているものもいろいろあるんですか？

川本 あります。

藤本 常にどのくらいあるんですか？　何種類くらいあるものなんでしょう？

川本 毎年、五月雨式(さみだれしき)に交配して、若い世代のものもあれば、進んだ世代のものもありますし。常にいろんなものを抱えている状態なんですけど、その試作品みたいなもののことを「系統」っていうんですけど、それが……どのくらいあるだろう。良食味米だけでも、1000……。

一同 えっ!?

川本 1200〜1300。

藤本 10個20個くらいかと思ってました。じゃあその1000あるなかから、食味試験に出すものを選ぶのが、第一段階ですよね。

川本 1000全部、食味試験ができるわけではなくて。圃場(ほじょう)の段階で落とされるものもあるので。

一同 ふ〜ん。

川本 圃場でよかったものを初めて食べるんです。

藤本 何種類くらい食べるんですか？

川本 いまの新品種の事業期間中は、年間……どのくらいだろう。まあ、600とか？

一同 え〜〜〜!!!

矢吹 想像できない!!

川本 穀物検定協会という本家本元でやってるのは、4点法っていうんですよ。お皿に基準品種が一つあって、あと3つ。それで、この基準品種に比べてほかがどうか、というのを評価するんです。ここでも同じようにやってきたんですが、それでは食べ切れないなってことで。

藤本 ですよね。

川本 それで、10点法にしたんですよ。

藤本 うわ〜。1個基準で9個比べる。

鍵岡 まじか〜！

川本 それを基本にして、それでも食べ切れなかったんで……。

一同 はははは！

川本 育種の担当員が4人いるんですけれど、4人だけは、14点法で。

一同 うわ〜〜〜。

川本 14点法を、朝9時くらいにやって、お昼くらいにもう10個。だから1日24種。

一同 え〜〜〜!!!

藤本 それは……炊飯器が10個以上あるんですか？

川本 そうです。炊飯器用のコンセントが14個。コンセントに合わせて14点にしたので。

藤本 それこそ、炊き方とかで変わっちゃうから、それも大変じゃないですか？

川本 そうですね。炊き方はマニュアル化して。

藤本 どのくらいのペースでやるんですか？

川本 10月の下旬くらいから食味試験というのが始まって、3月いっぱい、年度末まで平日は毎日。

藤本 毎日!?

一同 えー。

藤本 それは、1日だけ参加とかもできるんですよね？

川本 来るものは拒まず。視察研修で来るかたにも、どうぞやってみてくださいってしているので。

藤本 じゃあ、川本さんは10月から3月はほぼ毎日。

川本 そうですね。

矢吹 舌のコンディションを常に整えておかないといけないですね。

川本 う〜ん。やっぱり、調子のよいわるいはありますね。

一同 はははは！

矢吹 私、「いぶりんぴっく」っていう、いぶりがっこの大会の審査員をしたことがあるんですけれど、あれ、24種類くらい食べないといけなくて、後半はもう、何を食べているのかわからなくなってきて。そんなふうにはならないんでしょうか？

川本 ごはんはそこまで味がしないので。

藤本 たしかに微妙だもんね。しかも、味だけじゃない。

川本 ごはんのうまいまずいというのは、舌に感じる味よりは、食感、物理性だというふうに言われてるんです。

一同 なるほど〜。

藤本 川本さんは、何年この仕事をされているんですか？

川本 この担当になったのが、平成8年。たぶん、ずっと同じ担当というのは、秋田県職員では一番長いんじゃないかな？

一同 へ〜〜！

藤本 たしかに職種的にもそうでないと、とは思うんですけど。そうでもないんですか？　変わる人は変わるんですか？

川本 変わる人は変わるんです。自分も変わってもよかったんですけど（笑）。

一同 はははは！

川本　ほかのこともやってみたかった（笑）。
一同　ははは！
藤本　ですよね。毎日米食ってるんだもんな。すごい。
矢吹　お家では、パンもうどんも食べるんですか？
川本　まあ、基本ごはんですけど、パンもうどんも大好きです。
一同　ふふふ。
藤本　どういうところで実際に交配しているとか、現場を見せていただくことって可能ですか？
川本　大丈夫ですよ。行きましょうか。
一同　はい！

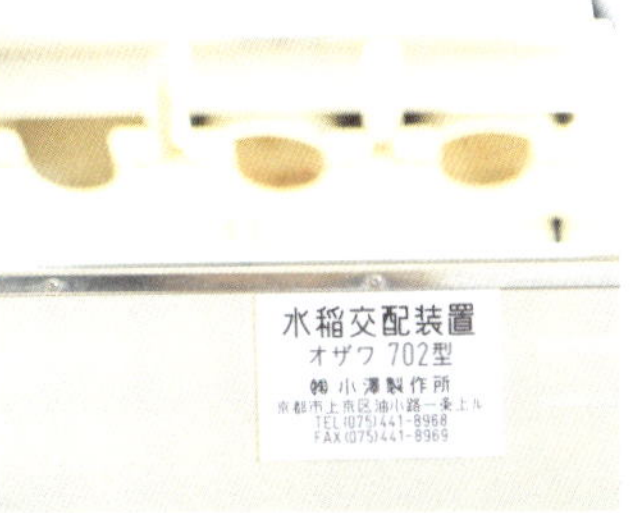

川本さんに敷地内を案内いただいた僕たちは、まずその敷地の広大さに驚きます。そしてお話に出ていた除雄室や、実際の交配装置などを見せていただき、先ほど説明いただいた交配の過程を一層リアルに感じることができました。あたらしい品種を作るということが、いかに地道な作業の積み重ねの連続なのか。そのことがとてもよくわかったと同時に、僕たちはいよいよ、あきたこまち誕生時のことが気になるのでした。

第4章

「あきたこまち」をつくった人

取材2日目の朝、僕たちが訪れたのは、あきたこまち開発当時、育種科長だったという齋藤正一さんのご自宅でした。案内してくださったのは、齋藤さんの後輩として昭和47年に農業試験場に就職し、その後場長を務め、現在はJA全農あきた米穀部参与をされている児玉徹さん。あきらかにレジェンド級なお二人を前に、さすがに緊張気味なのんびりチーム。早速、齋藤さんのお家にあがらせていただきます。

児玉さん（以下敬称略） 今年あきたこまちが35年になるんですけれども。齋藤さんは育種の科長でしたので、その当時のリーダー。

藤本 へぇ〜〜〜。

齋藤さん（以下敬称略） 昭和49年に水稲品種科ができて、実際に育種の仕事を始めたのが、52年かな。

藤本 僕、49年生まれです。「あきたこまち」プロジェクトと同い年だ。

児玉・齋藤 はぁ〜〜〜。

藤本 そもそも昭和49年に、そういう事業をやるぞ！　となったのは、どういう流れだったんですか？

齋藤 それまでは、秋田県では育種をやってなかったんです。

藤本 え？　そもそもやってなかったの？

現・JA全農あきた米穀部参与
児玉徹さん

齋藤 昭和16年で打ち切っちゃったんですよ。それまではやってたの。

一同 へ〜〜〜。

齋藤 秋田県は昭和初期まで国の補助を受けながら育種を行っていたんですけど、昭和10年頃から戦争の色が濃くなって、昭和16年で補助金が打ち切られて育種事業が不可能になってしまったんです。それに、昭和9年に大冷害があったんですな。そのときに国が、東北6県に冷害試験地を一つずつ設置したんですよ。だけども戦争終わって、昭和22年に国が廃止したわけです。ところがほかの県では、その権利を全部引き受けて残したんですよ。そして県に移管したような格好になったんですが、秋田県だけは昭和16年から戦後しばらく育種が中断されてたまま「あとやめた」っていうんで切っちゃったんです。だから、なんというかなあ、育種の仲間から外れてしまったようなカタチ。

藤本 う〜ん。長いですね。昭和16年に切られて、52年に再開って。

齋藤 その間、全くの空白ですな。全部、他県の試験場で作った品種をもらってきて、それから奨励品種を選んで、っていう仕事をしてたんです。

矢吹 へぇ〜〜〜。

齋藤 奨励品種の決定についての仕事はずっと続いていったけども、育種は全くなかったです。

藤本　ふ〜〜ん。

齋藤　私は昭和25年に試験場に入ったけども、その頃は道具一つなかった。49年に品種科ができたときは、私と、畠山っていうのと二人で、どっちも経験ないし、全くの素人みたいな科になっちゃったんですよ。

藤本　36年振りに育種をやりましょうってなったのはなぜですか?

齋藤　戦後に米が余ってきて、だんだん買い手側が強くなってくると「うちの県の米はうまい」と言って新品種がどんどん出てくるようになるんですよね。

矢吹　買い手が美味しさを求めるようになってきたということなんですかね。

齋藤　それまではとにかく増産時代だったんです。新品種を作ったら、その米を全国一にしたいと、みなさんそういう気持ちがあったもんですから、積極的に秋田みたいなところに開発した系統を供給してくれたんですよ。

藤本　なるほど。外にも出してくれた。

齋藤　でもやっぱり自分のものを持たなければ、競争になってくると、なんとしても1年の遅れが出てくるんですよ。

藤本　そうですよね。

齋藤　それで、昭和51年だな。調査費が出たんです。たしか150万。

藤本　その予算で、どこに行かれたんですか?

齋藤　福井。遠いところでは、愛知ですな。

藤本　実際、行ってみてどうでしたか?

齋藤　いや、みんな立派ですな。特に愛知の試験場なんかは、ものすごいですな。稲一つで、ほかの県の試験場一つ分あるんですな。建物から何から。すんごいですよ。

藤本　こんなこと、うちもやれるのかな、って思いますよね。

齋藤　いやあ、愛知の真似は国もできないって言っとったんですよ。

藤本　へえ〜。

矢吹　人数も違うんですかね。秋田は二人ですもんね。

齋藤　それも専門家が二人いればいいけれども。二人とも素人のようなものですから（笑）。

一同　ふふふふ。

齋藤　どんな方法でやってるか聞いたり、いろんなことを学んできたんですけれど、なかなかやっぱり、経験のない我々だからですな。

一同　う〜ん。

齋藤　しかも、始めると同時に、施設とか、いろんなものを準備しないといけないでしょ。あのときは小畑（勇二郎）知事だったんですけども、1億5千万円くらいですな、ポンと出して、2年間で整備しなさいって。で、なんとかまがりなりにも始めたのが昭和52年ですな。

藤本　なるほど。

齋藤　それも最初は視察に行った試験場に行って材料を分けてもらうんですな。福井からもらったり、大曲（おおまがり）にあった国の試験場からももらった。そういうことをしてなんとかかんとか格好つけたぐらいにして。

藤本　その当時から目標とする特性みたいなものはあったんですか?

齋藤　あったんです。やっぱり、育種をやるからには必ず、最初に育種目標は何かっていうのをちゃんとせねばならねんです。で、当時秋田県ではササニシキっていう品種が非常に評判よくて、広まってきてたんで、最初はササニシキか、それを超えるものをやろうかなっていうのを話し合ったんですよ。

藤本　なるほど。

齋藤　ところがササニシキは、うまい

米かもしれないけれど、作ってみれば、いもち病に弱いとか、倒れやすいとか、そういう欠点があったんですな。だから、これは目標にはなれないってことで。じゃあ、どうせ目標なら大きく立ててみようってことで、当時日本一の米だと言われてたコシヒカリにしたんですよ。

藤本　なるほど。

齋藤　ところが、コシヒカリだって、完全にいいところばかり揃ってるわけじゃないんですよ。まず倒れやすくて。倒れなければコシヒカリじゃないっていうくらい、弱いんですよ。

一同　へ～。

齋藤　それから、大体コシヒカリは東北に来ると見ることができなかったんです。熟期が遅いから、秋田県ではも

秋田県農業試験場
あきたこまち育成グループ 殿
水稲良食味品種あきたこまちを育成された
ご功績に対し第四十回平成三年度河北文
化賞を授与いたします 河北文化事業団
賞牌 副賞として河北新報社から金六拾
円 東北放送 東北放送文化事業団から
弐拾万円を贈呈いたします
平成四年一月十七日
財団法人 河北文化事業団

ちろん、東北ではまず作れないっていう品種。だから、コシヒカリの味を逃がさないで秋田県まで栽培できるような早生化をしようと、そういうところに目標を置いた。

藤本　目標を決めるところから自分でやられたんですね。

齋藤　そう。それで福井でコシヒカリをお母さんに奥羽292号をお父さんに交配した、いわゆる「F1」ですな。雑種一代目。これを一株もらったんですよ。一株だから種は380粒ぐらいかな。それぐらいの種だけはもらってきたんです。

児玉　福井からきた種から、秋田の気候風土に合った稲を見つけていく。そもそもコシヒカリ系統を選んできたという……要するにそこが齋藤さんの眼力だね。

藤本　そうか～。

児玉　もらったというけれど、やっぱり畠山さんと齋藤大先輩が自ら圃場で選んできたっていうふうには思うんですな。というのも長年、秋田県は育種を中断してたわけですよね。でもその中断の間に「品種を選ぶ」っていうのをお二人がず～っと続けてきてた。あるときパッと「ここから選びなさい」なんてことはできないから、長年そういう仕事に携わってきたのが繋がった。福井から来たときも、秋田の気候風土

に合った美味しいものだろうと判断して、ほかのものは捨てて、よいのを残したと。

藤本 なるほど〜。ご本人は素人っておっしゃるけど。

児玉 それは、絶対そうじゃない！

藤本 実際はそれこそ選択された。

児玉 そうそう、そういうことなんですよ。そういう、稲を見るチカラがあったからいまに至ってるわけなので。

藤本 そういうことがあって、ついにあきたこまちとなる品種に「これだ」って思った決め手はどういうことだったんですか？

齋藤 最初は、あまりパッとしなかったんですよ。

一同 へぇ〜。

齋藤 選択っていうのは捨てることだから、「これもだめだ、あれもだめだ」って投げていったんですな。で、残ったのが「あきたこまち」だったんだけども、どうも「これだ！」って最初から飛びつくほどではなかったんですな。

一同 えぇ〜〜。

齋藤 なんとなく、いろんな特性を選んでるうちに、あんまり目立たないけど残るのはいつもそれなんですな。例えば、いもち病の検定とか、あるいは倒状抵抗性とか、低温抵抗性とか、いろいろ検定があるんですよ。特性検定。どのときも、そう目立たないけども、結果的に残ったのを、おやどれだ？って見てみれば、いまの「あきたこまち」だったんです。

一同 は〜！

齋藤 そんなことで、総合的になんとなくくっついてきたっていうような感じ。

藤本 へ〜！ そんな目立った子じゃなかったんですね。

齋藤 わるくはなかったんですよ。そして採用した途端に、穀物検定協会だったか？

児玉 そうです、日本穀物検定協会です。

齋藤 あそこでサンプルくれって言われて、送ってやったんですよ。

藤本 うんうん。

齋藤 別に気にしないで、ふつうの栽培した米を送ったんですな。そうしたらびっくりするようなデータが返ってきたんですよ。0・944だったか。

藤本 0・944？

児玉 食味試験の総合評価なんですけど、当時日本一の米と言われたコシヒカリで0・6〜0・7。宮城県産のササニシキで0・5〜0・6

藤本 で、0・944!?

一同 すごい！

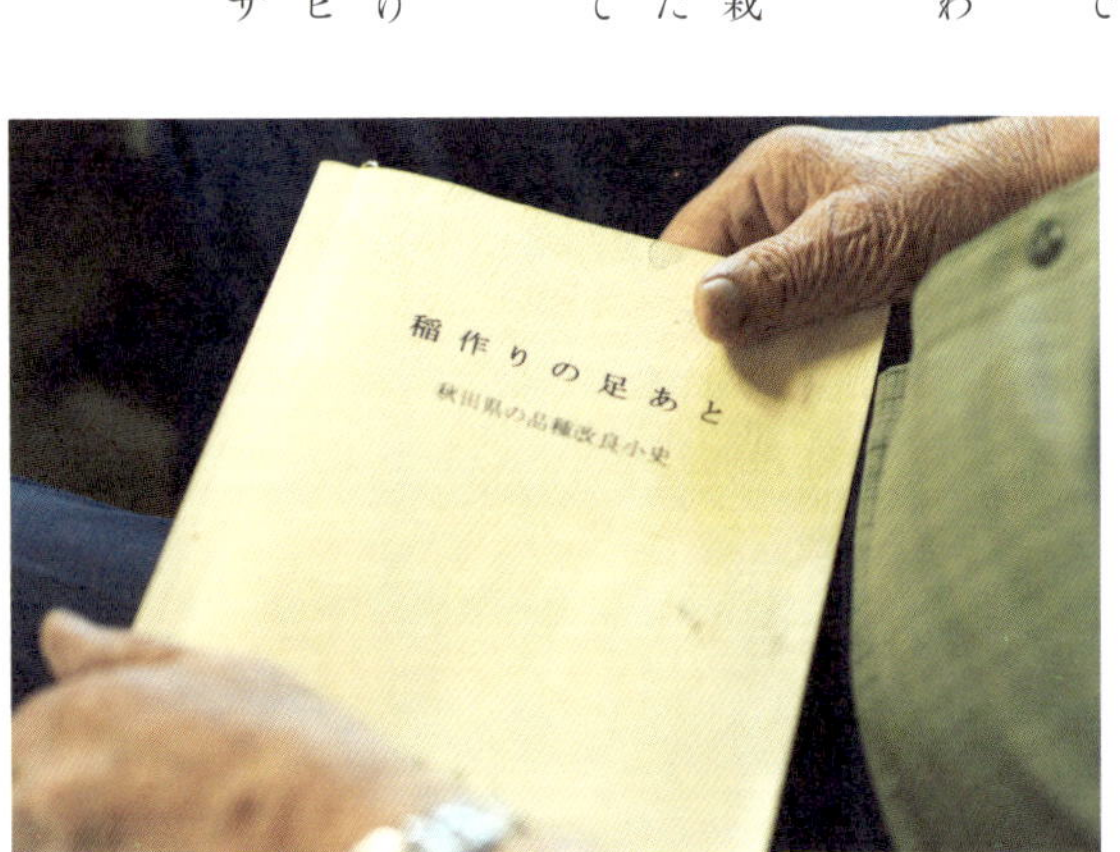

齋藤 本当に信じられなかったです。

藤本 逆にいうと、なんで出されたんですか？ その穀物検定協会に。

齋藤 それも、特別にお願いしたわけではなかったんです。前は秋田県に国の食糧事務所があったんですよ。農林省の。

児玉 お米を検査するところです。一等米とか二等米とかありますよね。それを検査する機関。そこの所長をしていた高野さんっていう人がおったんです。当時はもうOBになってたんですが「知ってる人いるから、見てもらうから、少しサンプルくれ」って言われて、なんとなくやっただけの話。

藤本 え〜、そんな軽い感じなんですね。おもしろい！ 最初からめちゃめちゃ優等生で育ててきたわけでもなく、本当に消去法的にやって、「なんかこいついつも残るな」みたいなやつが。

齋藤 そうです。

藤本 それですぐ、名前も命名されたんですか？

齋藤 いやいや。名前はまず育成した側として、5つ候補名を出しなさいって言われて。

一同 へぇ〜！

矢吹 どんな候補を出したんですか？

齋藤 「あきたわせ」「あきほなみ」「あきみよし」それから「あきたこまち」「あきこまち」と。この5つです。

藤本 う〜ん、なるほど。

矢吹 ダントツ「あきたこまち」がいいような感じもするけど……それは先入観かな？

齋藤 場内（試験場内）でこの5つから決めて県庁に出すわけですよ。で、そのときに「たぬき論争」というのがあった。要するに、「あきこまち」と「あきたこまち」が最終的に残って。「た」を入れるか入れないかの論争。

一同 は〜。

齋藤 名前を最終的に決めるのは知事ですから、県では、この5つからいくつか選んで上に上げるわけですよ。部長までは「あきたこまち」だったな。それが最後、知事のところで「あきこまち」になっちゃったんですよ。

藤本 あら。

齋藤 佐々木知事は全国的な品種にしたいっていう気持ちだったんですよ。「あきた」って付くと、地域限定のような格好で全国的にならねぇっていう心配があったんです。車のナンバーですらあの頃は「秋田」でなく「秋」番号だったんですよ。車だって「秋」番号で全国を走ってるだろうって。「た」は要らねってことに。で、出してみたら、農業協同組合の5つを束ねている農協五連の会長さんが。

児玉　「あきた」のほうがわかりやすいと。

齋藤　全国に売るとなったら「あきた」のほうがいい、と。

児玉　「秋」よりは「秋田」っていうのを売っていこうと。

藤本　ということは、知事の判断をも覆したわけですね。

齋藤　だから、新聞にも出たんですよ。魁新報に「たぬき論争」って。

藤本　へ〜〜〜。おもしろい。でも全国にフラットに広めることを考えれば「秋田」って言わないほうがいいんじゃないかって思う当時の知事の考えも理解できますよね。

齋藤　でもやっぱり付けてよかったですよ。というのもですよ、当時秋田県でも採用した多収品種の名前が「アキヒカリ」。「あき」が付いてるから、みんな「秋田で穫れたんだな」って思ってるんだけれども、実際はそうでなかった。フタを開けてみたら広島県。

藤本　あ〜。安芸！

児玉　あと、あきたこまちが出る前は、ほとんどがカタカナだった。しかも5文字。ひらがなで6文字なのが秋田県です。

藤本　う〜〜ん、なるほど！

児玉　いまは漢字もあるし、いろいろありますけどね。

藤本　その後、秋田の品種ながら、秋田以外にも広まっていったんですよね。それは戦略的に？

児玉　いや、全国向けの戦略はほとんど考えてはいなかったんです。当初は、県内でも県南平坦部の三千ヘクタールでの作付けの計画だったんですけど、急に広がってしまって。

齋藤　食味データの数値もそうですけれど、とにかく前評判がすごくなっちゃったんですよ。

藤本　はい。

齋藤　ほかの県でも採用したいですから、まず、最初に宮崎からきたな。

藤本　宮崎？

齋藤　なぜ宮崎でほしいかっていうとね、あそこは促成栽培というか、だいたい7月に稲刈りが始まるんですよ。

矢吹　7月に稲刈り？

齋藤　お盆に新米を出せば高く売れるんだっていうことで。

一同　へ〜〜〜！

齋藤　早生のうまい米がほしいわけですよ。コシヒカリだと遅すぎるから、あきたこまちを作らせてくれって。そういうのは農家みんな覚えてるものだから、農家に出入りしている農機具屋とか肥料屋がですな。あきたこまちの種を景品として持っていってたんですな。

矢吹　景品？

齋藤　機械買ってくれれば、種やるよって。

一同　えぇ〜〜〜!?

齋藤　それで、宮崎でおんなじ名前の「あきたこまち」が何種類かできてしまったんですよ。

藤本　へぇ〜〜〜。景品で配っちゃったんですね。

児玉　当時はね、簡単に手に入ったんですけど、いまは大変ですよ。それをやると法律的に問題になりますよ(笑)。

齋藤　あの当時は、新品種は3年間は国外に出しちゃだめだっていう決まりがあってね。ところが、国会議員とか

県会議員とか、行くときには何か持っていかなくてはならないって、種を。
矢吹 気持ちが大きくなっちゃったのかな（笑）。
藤本 去年の夏でいうと、みんなが「金農パンケーキ」持っていったみたいな感じかな。
児玉 ですね（笑）。
藤本 すごいな〜。あまりに話題になってコントロール利かないぐらいにいろんなところに行ってしまったんだ。フィーバー感あるなあ。
児玉 とにかく集めてもすぐ売れるわけなので。いまみたいに、どっかの倉庫に山積みになって出番を待つというのでもなく、当時はもう引く手あまたで、卸さんが秋田県の「あきたこまち」を流通したときには、会社が傾いてたのが、まっすぐ立ったとか。そんな噂がいっぱい広がった。
田宮 農家さんたちの反応はどうだったんですか？
児玉 まあ、一番大きいのは、やっぱり「おらほの米」っていうか。我々に作るほうは任せろと。
矢吹 みんな、一丸となって作ろうっていうほうへ。
児玉 それがね〜、あんまり一丸となりすぎちゃって……山の上まで行くとか。標高400メートルを超えるところとか。
藤本 あ〜〜〜。
児玉 そんなことになって、これじゃあいくらなんでも、品質にばらつきがでるし、そうなると消費者や流通業者さんに嫌われるので、平成2年から地帯区分というか、秋田県の中でもどこで作りましょうとか、どういう土の場合はこういう追肥をしましょうとかのマニュアル作りを始めたんです。
矢吹 みんな興奮しちゃって、いろんなところで作っちゃったんですね。
児玉 「俺んとこで作らせねえのはなぜか？」って。齋藤さんは当時研究者だから。県のほうは全県の市町村の長っていうか、議会ね。昔は69市町村あったわけだから。それぞれのところから言われた。
藤本 大変だなあ。それにしても今度のあたらしい品種もネーミングが気になりますね。
一同 うん。
藤本 どうやって決まっていくんだろう。
児玉 一般公募することになっているので。
藤本 そうなんですね。また「たぬき論争」が起こったりしてね。
一同 （笑）。
児玉 ちなみにこれ、30周年のときにですね、記念事業でこういう冊子を作ってあって。
一同 わ〜〜。
児玉 秋田県出身の矢口高雄（やぐちたかお）さんという漫画家がおられまして。
藤本 「あきたこまち物語」！ ほしい、これ。やばい。
児玉 もうこの冊子はないんですよ。
矢吹 これ中も漫画なんですか？
児玉 はい。完全に漫画です。
矢吹 えっ、この中に齋藤さんとかも登場されるんですか？
児玉 そうそうそう。
一同 え〜〜〜！ ほしい〜〜〜。

第5章

80あきたこまち

作戦会議

いやあ〜、すごい話でした。あまり目立たなかった子が突如注目を浴びて、秋田県内だけでなく日本中にフィーバーを巻き起こしていく様子は、まるで昨夏大フィーバーを起こした金足農業の吉田輝星くん（現北海道日本ハムファイターズ）のよう。それにしても相当なフィーバーっぷりだったことが伺えます。そして児玉さんが最後に見せてくれた漫画「あきたこまち物語」。あれには全員がトキメキました。矢口高雄さんといえば、『釣りキチ三平』で有名な漫画家さんですが、実は秋田県横手市増田町のご出身。そのゆかりから増田町には「横手市増田まんが美術館」という施設があり、そこが最近リニューアルオープンされたばかりでした。

「道の駅かみおか」でお二人の話を振り返りながら、この後の行動について考えるのんびりチームでしたが、なんとなく全員あの漫画のことが気になっていたようで、ここでの話し合いを整理すると、

◉新品種の名前やパッケージを考えてみたい。

◉あきたこまち35周年パッケージを作るのはどうか？

◉あきたこまちの美味しい炊き方を漫画にしてみたら？

以上大きく3つのアイデアに集約されました。と、そのとき、ヤブちゃんの携帯に、80あきたこまちを販売するJAうごの奥山さんから着信が。今日の夕方であればお話を伺えるとのこと。よし！　のんびり取材はこうやってあらたな人物にお会いすることで、まだ見ぬゴールに一歩一歩近づいていきます。とはいえ、いまはまだお昼。夕方までの時間をどう有効に使おうかとさらに頭をひねります。そこで僕は上述の意見をもとに、なんとなく一つの道筋を定めました。それは「あきたこまち誕生秘話や、美味しいごはんの炊き方がわかる漫画がデザインされたあきたこまちのパッケージを作る」ということ。

というのも、僕たちのこの取材の様子は、秋に秋田県立美術館で開催する『あこがれの秋田』という展覧会で展示することが決まっていました。僕がプロデュースさせてもらっていることもあり、その展覧会の会場で図録的に本書『のんびり』を販売しよう、という話にもなっているゆえ、僕たちが作るあたらしいパッケージのあきたこまちもそこで販売すればいいんじゃないか？　と思ったのです。しかも展覧会時期はちょうど新米が出る時期！

しかしながら、多様な職種を持ったメンバーが揃うのんびりチームにも、さすがに漫画家はいません。そこで一番漫画が描けそうな秋田在住デザイナーのシブこと、澁谷和之に、漫画のノウハウを叩きこんでもらい、なんとか描けるようになってもらいたいとなったのですが、そこで思い出したのが前述の「横手市増田まんが美術館」でした。この行き当たりばったり感、いよいよ、のんびりらしくなってきました。車で約1時間。その道中、なんとか撮影許可をいただけるよう電話しながら向かいます。

横手市増田まんが美術館

今月の頭にリニューアルオープンしたばかりの横手市増田まんが美術館。突然の取材依頼にもかかわらず対応してくださったのは、「漫画大好きなので仕事とは思えないんです」と嬉しそうに語るキュレーターの安田一平さん。こちらでは、矢口高雄さんが寄贈された全原画約42，000点を中心に、『銀牙―流れ星　銀―』などの動物漫画で有名な東成瀬村出身の高橋よしひろさんや、横手市出身で『編集王』などが人気の土田世紀さんなど、秋田

ゆかりの漫画家さんの原画のほか、現在最も勢いのある女性漫画家といっても過言ではない東村アキコさんなども、その原画を預けられているとのこと。つまりこの美術館のポイントは、まんが美術館というよりも、貴重なまんが原稿のアーカイブ美術館であることでした。

「魅せる収蔵」をコンセプトに作られた原画収蔵室が素晴らしく、そこではアナログな原画保存の様子だけでなく、デジタルデータ変換作業などもガラス越しに見ることができます。またそれらのデータをもとに、大きなiPadのようなモニターで原画を大きく拡大して作家さんの細かな指示や癖を確認することができるなど、想像を遥かに超えて素晴らしい展示。さらに館内を進むと、「マンガができるまで」なんていういまの僕たちにバッチリなコーナーもあり、少しでも学びを得て帰るんだとデザイナーのシブが必死で見入っていました。

ほんの思いつきで寄ったまんが美術館でしたが、ほんと最高でした。あまりに没頭したので気づけばもう夕方近く。急いでJAうごに向かいます。とはいえ、JAうごまでは車で約20分の距離。あっという間に到着です。

藤本　なんだか急にすみません。実はいま僕たち「あきたこまち」をテーマに取材しているんですが、まずは、以前からお世話になっていた秋田市の平沢商店さんにあきたこまちの食べ比べをしたいと依頼したんですね。

奥山久治さん（以下敬称略）　はいはい。

藤本　いくつか食べさせてもらったなかで、ほぼ全員が「80（ハチマル）うまい！」ってなって。

奥山　おお～。

JAうご　うご農業協同組合
営農販売課　課長
奥山久治さん

藤本　このお米は、どういう生産者が作っているんですか？　って聞いてみたら、うご農協さんだと。平沢さんのところで扱っていらっしゃるお米って、個人の生産者さんのイメージが強かったので、そこにもびっくりしたんですね。ひょっとしたらJAうごさんって、ほかの農協さんとは違う動きがあるのかな～と興味が湧いて、いまここにやってきたという流れです。

奥山　なるほど。そもそも、農協の合併が進んだ平成10年の組織再編のとき、羽後町には7つの農協があったんです。そのうち3つの農協が集まって、羽後農協になりました。残りの4つは、JAこまちさんに。湯沢雄勝管内でいうと、当時17の農協があったんですけれども、そのうちうご町の3つが羽後農協、残り13がこまち農協さんに行ったというカタチなんです。

藤本　なるほど。じゃあとてもコンパクトな農協さんなんですね。

奥山　はい。それで当時の役員のかたがたが、小さい農協だけども何か特色をと考えて。調整篩目っていうもので米の大きさを選別するんですが、当時は通常1・85ミリの「L網」っていうのを推奨していたんですが、ワンランク上の「LL網」を推奨しようと。

藤本　さらに大きい。

奥山　ええそうです。1・9ミリを推奨しようと。大きな網目を使うことで、ものはよくなるんですけども、当然そのふるいに落とされるものが多く出る。

藤本 はいはい。

奥山 くず米と呼ばれてしまうものが多く出るので、それも全農さんだけでなくて、自分たちで汗を流してより高く販売しなければ誰もついてこないから、そういった取り組みをしようと。

藤本 へぇ～～。

奥山 併せてうちのほうでは、畜産農家が結構いらっしゃったんですね。肥育、肉牛の農家だったり、酪農家、養豚農家があったりして、羽後町は畜産地帯でもありましたので、そのたい肥を利用して、循環型農業というようなことでやっています。

藤本 へぇ～！

奥山 つまり化学肥料だけに頼らない土づくりっていうのをやり始めたんです。

藤本 平成10年からそういうことをしていた。

奥山 はい。そのあと平成17年からだったと思うんですけど、たい肥の貯蔵施設を建設したりして、本格的に田んぼに還元して、化学肥料だけに頼らない土づくりを進めています。

藤本 すごいなあ。

奥山 そこに併せて、網目をさらにLL網のところからランクを一つ上げて「GL」というさらに大きな網目1・95ミリをやってるんです。

藤本 さらに！

奥山 そういった取り組みが平沢さんにも伝わりまして「少し分けてもらえないか」ということで始まったのが、JAの直売。全農委託にしないで、JA独自で販売していこうということで、直売のなかに、80も入れて取引してきたっていう経緯があります。

藤本 なるほどー。

奥山 その80というのが平沢さんからも説明があったと思うんですけでも、整粒歩合が80パーセント以上。通常の一等米であれば70パーセント以上なんですけども、要は粒が揃ったお米。さらに「S」ということで、たんぱく値にも若干こだわってまして、たんぱく質が低ければ美味しいよって一般的に言われているんですが。その数値が6・2以下。これを私たちが自分たちで食味計を購入して、検査段階で振り分けして、このお米は一等でもさらによい「80のSだよ」とか、あるいは「80まではいかないけれども中間的な、75くらいのお米だよ」とか、そういうふうに仕分けしてやっています。

藤本 なるほど。じゃあ僕たちが食べた「80」っていうお米に、さらに「80S」が別にあるっていうことですか？

奥山 いや、平沢さんの言う「80」っ

ていうのは「80Ｓ」のことです。

藤本　あ〜そうなんですね。

奥山　なので「ＧＬ」っていう大きな網目でふるったお米が全て「80」になるわけでなくて、実際は「ＧＬ」でふるったなかの2割もないんですよ。

藤本　えー。

奥山　整粒歩合が80っていうのは15パーセントくらいしかないんです。そのなかでもたんぱく質が6・2以下のものとなるとさらに半分くらいしかないから。

藤本　えええー。ほんの一握りじゃないですか。

奥山　はい。全体の7・5パーセントくらいしか「80Ｓ」にはならない。

藤本　そうなんですね。

奥山　たい肥を入れることで米の色ツヤもよくなりますので、そうやってもそれぐらいしか穫れないっていうのはものすごい貴重だなと思いますよ。

藤本　それは美味しいはずだ。

奥山　平沢さんはこだわってるかたですので、ちょっと食味が落ちてくれば「ちょっと違うんでないの」って連絡があったりして。ですので、私たちも手を抜かれない、と。

藤本　平沢さんは厳しい売り手さんですよね。だからこそ僕たちは信頼できるんですけど。

奥山　そうですね。自信もってお客さんに売るためには、厳選するっていう考え方だと思います。

藤本　とにかく僕は、80のように美味しさを体感したあきたこまちっていうのを、正直食べたことがなかったんです。昨日で一気にあきたこまちの印象が変わったんですよね。

奥山　私たちは消費地で販促活動をやったりするんですけど。そうすると、「あきたこまち、いつも食べてるわよ」と。やっぱり、あきたこまちはみんな同じだと思われてるんですよね。

藤本　そうですよね〜。

奥山　秋田県産のあきたこまちもあれば、岩手にも関東にもあるし、さまざまに作付されてるもんだから、あと秋田県のなかでも産地によって違いますので。秋田県で作ったあきたこまちだから全て同じがなって言えば、違う。

一同　うん。

奥山　逆に言えば、うちらの宣伝不足も当然あると思うし。

藤本　こうやってお話を聞かせてもらって「あきたこまち」のイメージが変わったのと同時に、正直、ＪＡさんのイメージも変わったというか。

奥山　う〜ん。うちは小っちゃいがら、農家目線で。大きな農協さんだとなかなか無理だと思います。農家が多ければ多いほどいろんな考えがありますので。

藤本　そうですね。

奥山　そこらへんでいうと、うちのほうは、いまのところは、ある程度言うことを聞いてもらえる農家さんの集まり。そのかわり、農家さんの希望に応えられる、なんかあったらすぐ頼られる農協っていうのを、まずは目指してます。

藤本　なるほど〜。

奥山　そういう信頼関係がなければ、いくらよいこと言っても、「そうすればなんぼくらいなるのよ?」って始まるがら。それに応えるカタチで販売努力して、生産還元していきますよっていうのが大前提です。最初、網目を大きくするっていうのも「何考えてるのよ?」って言われてました。

藤本　そうか〜。しかも平成10年くらいから、循環型農業って、かなり先進的な気がするんですけど。

奥山　亡くなった前の組合長が「いずれ米余りが来る」と。そこで同じことをやってたら大きい農協に負けるから、特色のあることをやらねばいけないよ、と。

藤本　うんうん。

奥山　それがお米だけじゃなくて、スイカだったり、キュウリ、オクラやさまざまな野菜品目も含めて変わってきてる。農家の意識が変わったっていうか。

藤本　すばらしい舵取りだったんですね。

奥山　より低コストでやるとすれば、例えば、大潟村なんかの大規模なほうに負けてしまう。自信を持って負けないというものが、やっぱり生産者の技術であったり、あるいは小さい農協だからこその取組みだったり、スピード感だったり。

藤本　そうかー、それこそ80のパッケージ作らせてもらいたいな。

一同　うん。

奥山　80のパッケージはまだないんですよ。

藤本　え⁉　ないんですか?

奥山　ないんですよ。

藤本　あの……例えばそれを僕たちが考えて、取材最終日にプレゼンさせてもらうようなことってどうでしょうか?　そこに対する費用は一切かからないので(笑)。

全員　(笑)。

藤本　今回の取材のきっかけは、あたらしいブランド米のニュースを見たことだったんですね。あきたこまちに変わるハイブランドのお米。でも2日間いろんなかたにお会いしてお話を聞いてきて、やっぱり35年前に生まれた、あきたこまちのすごさをあらためて思い知ったんです。

奥山　うんうん。

藤本　だけど、みなさん、あきたこまちはみんな一緒って思っているから。

奥山　そうですね。秋田のなかでは35年いまだにあきたこまちを超えるものがないから。
藤本　はい。
奥山　いい品種を作ろうとしてやってきたんだけれども、それを定着させて、上のレベルにまで持っていぐやり方が、他県より秋田は弱いかなって。
藤本　たしかに。だからこそ、いま僕たちがやるべきことは、あたらしいものよりも、いまのあきたこまちのポテンシャルの高さを伝えること。それを僕らが再提案するっていうことかなあと思うんです。
奥山　うん。
藤本　実は僕たち県外メンバーと秋田メンバー全員が一緒になって取材する期間って、いつも4日間なんです。なので残すところあと2日しかない。
奥山　ああ。
藤本　明後日最終日の25日、午前中が表紙撮影だから、例えば25日の夕方にお時間いただけないでしょうか。あ、土曜日か……。
奥山　わかりました。時間指定していただければそのとき来ます。
藤本　本当ですか！
一同　ありがとうございます！
藤本　で、実は僕たち最初にお伝えしたと思うんですけど、9月末から10月末まで秋田県立美術館で展覧会をすることになっていて、その会場で物販をしたいと思っているんです。
奥山　はい、はい。
藤本　なので例えば僕たちが、今回提案したパッケージのあきたこまちを秋に美術館で販売する、なんてことができるとよいなって思うんですけれど。可能だと思いますか？
奥山　一番いいのは平沢さんに卸してますので、平沢さんのところと連携していただいたほうが、間違いないのがなって思います。
藤本　たしかに！
奥山　うちのほうは、80のお米をまず間違いなく供給すると。
藤本　はい！
奥山　新米ってなれば、稲刈りがだいたい本来9月20日すぎなんですよ。早くても。検査して、買い入れするとすれば、9月25日すぎなんですよ。
藤本　バッチリかも。一気にゴールが見えてきました。では、土曜日の夕方にプレゼンテーションさせてもらって、率直な感想をいただいて、取材を終えるっていう感じにするといいかもしれない。あ～奥山さん、会えてよかった。ありがとうございます！　本当に。
一同　ありがとうございます！
奥山　いえいえこちらこそ。

最終章

あこがれのあきたこまち

ネーミング

秋田発のあたらしいブランド米のニュースをきっかけに、あらためて「あきたこまち」を知りたいと思った僕たちのゴールは、自信をもってオススメできる良質なあきたこまちのあたらしいパッケージ提案でした。5月24日朝、のんびり事務所に集合したのんびりチーム。まずは全員で現状を整理します。明日（5月25日）の17時半に決まったJAうご奥山さんとのお約束まで丸2日近くあるものの、明日は午前中から夕方前まで大事な表紙撮影があります。撮影を成功させるためには、こちらも総力戦で挑まなければ無理なので、実際は今日1日でパッケージをカタチにしなければ間に合わない。想像はしていたものの、現実のスケジュール感を前にさすがに焦り出すのんびりチーム。しかしその前に一つ、大切なことを決めなければなりません。それはネーミングでした。

JAうごの80Sは、あくまでも便宜的な呼び名です。僕たちがパッケージ提案する80Sは、もう少し馴染みやすい名前をつけたいと思っていました。そこで僕が昨夜のうちに考えていたアイデアをいくつか伝えます。

◉新種の登場があろうともあきたこまちは永遠にという意味と、本来のあきたこまちとは、こういうものだという意味をこめた『あきたこまち ーとわー』

◉「たぬき論争」ならぬ「あぬき論争」を起こすべく考えた『きたこまち』。

ちなみにキャッチコピーは、あの美味しいと噂のコメだ！というイメージで

あ！　きたこまち！

得意のダジャレを駆使して、いろいろ考えたものを提案したのですが、どうも決め手がない。そこで僕はいよいよ本命のネーミング案をみんなに伝えます。それは、**『あこがれのあきたこまち』**でした。

秋に開催を予定している展覧会『あこがれの秋田』に絡めていることはもちろんのこと、新種誕生当初のフィーバーに思いを馳せつつ、誰もがあこがれた、つやつやキラキラなあきたこまちをいま再び届けたい。そう考えれば、もう『あこがれのあきたこまち』以外にありえないように思いました。メンバー全員が、この名前に大きく頷いてくれて、さあいよいよ作業分担です。

NONのんびり！

炊き方や誕生秘話を漫画にするべくネームを考えたり、漫画の主人公でもあるキャラクターを考えたりと、パッケージのグラフィックまわりを詰めていくクリエイティブチームと、のんびり誌面やパッケージ提案、不足している写真を撮影しにいくカメラマンチームの2つに別れて、それぞれ作業を進めます。ということで、恒例のNONのんびりタイムがスタート！

午前中から作業しているにもかかわらず、あっという間に時間は過ぎていきます。撮影から帰ってきたカメラマンチームが、なにやら食材を買い込んできてくれて、そのまま夕飯づくりチームにチェンジ。平沢さんに美味しいごはんの炊き方を叩き込まれた白米政志こと、カメラマンの浅田くんを中心に、最高なあきたこまちディナーが完成！

夕飯を終えて時計を見ると時間はすでに22時。遅々として進まない作業を前に、久しぶりの徹夜を覚悟。しかし、こんなときにまた、思いついてしまったのが、コマーシャル映像でした。というのも、まんが美術館でスキルアップしたシブ（澁谷）が描いてくれた、あこがれのあきたこまちのメインキャラクター、通称「こまっち」がやけにかわいくて、この子を動かしてみたい気持ちになってしまったのです。パッケージ提案と、それにともなったポスターの作成はもちろんのこと、そこに簡単な映像もあって、動くこまっちも見せることができれば、よりインパクトをもって伝えることができるんじゃないか？　と。そこで、のんびり若手チームの小阪温視（あつみ）にも加わってもらって、パッケージのための漫画制作や、デザイン作業と並行して映像制作もスタート。カメラマンチームが追加撮影してきてくれた写真なども使い、なんとかかんとかカタチにしたところでタイムアップ。てか、限界……。すでに夜は明けていましたが、なんとかそれぞれホテルに戻り、シャワーを浴びて身支度をして、そのまま表紙撮影現場に急ぎます。

ふぅ～。老体に鞭。

表紙撮影の最中に

朝9時、表紙撮影現場の秋田県仙北市の神代（じんだい）地区へ。竿灯、なまはげ、秋田犬。さらには、小町娘に鹿島様と、THE秋田な被写体が集まるその後ろを新幹線こまちが走り抜けるその瞬間にシャッターを押すというドキドキ撮影。緊張感たっぷりに準備を進めるなか、僕は今朝ギリギリカタチにした架空のCM映像について考えていました。

というのも、僕はあの映像に一つ決定的に足りないものがあると思っていたのです。それは、CMソング。この期に及んで何を……と我ながら思いましたが、やるなら徹底的にやりきりたい！　そう思った僕は、撮影準備の最中にこっそり歌詞を書き、ある人にその歌詞を送りました。ある人とは、秋田出身のミュージシャン、青谷（あおや）明日香（あすか）ちゃんでした。のんびりの準レギュラー的存在で、何度か取材を共にした明日香ちゃんにも、今回どこかで関わってほしいと思っていた僕は、東京にいる明日香ちゃんに急遽連絡をとり、無謀にも即興で曲を作ってもらえないか？　とお願いをします。こんなありえないオファーにもかかわらず、数十分後に、明日香ちゃんから曲が送られてきたときは、さすがに泣きそうになりました。

無事表紙撮影が終わったのは15時半。ダッシュで羽後町に向かい、16時半に羽後町にある「道の駅うご 端縫い（はぬい）の郷」に到着。そこで明日香ちゃんの曲を映像に加える作業をして、なんとか約束の17時半にJAうごに到着したのでした。

ドキドキのプレゼンタイム

藤本　すみません、お休みのときに。

一同　よろしくお願いします!!

奥山　今日は一人ですみません。

藤本　いえいえいえ。こちらこそ土曜日なのにごめんなさい。この間お話させてもらったように、80Sの米について、ちょうどパッケージがないということもあったので、それを提案させてもらえたら……と思ってまいりました。とはいえ気楽に見ていただければ大丈夫なので。

奥山　はい。わかりました。

藤本　そもそも今回の取材のきっかけが、新品種「秋系821」のニュースを見たことだったというのはお伝えしたとおりなんですが、その後いろんな人にお会いしてお話を聞いていくなかで、あきたこまちが全国に広まっていった裏に、相当なあきたこまちフィーバーがあったことがわかりました。あまりのフィーバーに「うちでも、うちでも」と、さまざまな場所にその種が拡散したことで、あきたこまちといってもいろんなクオリティのものが生まれてしまったと。それを知ったので、80Sはあきたこまちのなかでも、本来の美味しさをもったお米なんだということがわかりました。

奥山　ありがとうございます。

藤本　ここで、ちょっと話が変わるんですけれど、僕らは2016年に終わったはずの『のんびり』という雑誌をいまあらためて作っていまして、それは秋に展覧会をやることになっているからというのも、お話したと思うんですけど。そもそも、その展覧会の企画を思いついたのが、いまもこうやって東京から来て写真を撮ってくれている写真家たちのほか、料理家さんだったり、デザイナーさんだったり、のんびりに携わってもらいたいみなさんに編集長として来秋のオファーをしたら、みなさん2つ返事で「行きたい!」って言ってくれたからなんですね。「前から行きたかったんですよー!」って。

裏返すと、1回も来たことがないっていうことではあるんですけど、でも僕も関西に住んでいるのでよくわかるのは、遠い東北の土地、尚且つ、なまはげとかきりたんぽとかかまくらとか、ときに幻想的なイメージを持つ秋田に、県外の人が共通して持っている感情って、言ってしまえば「あこがれ」なんですね。秋田という土地に対する「あこがれ」を、県外の人たちの多くが持っている。それで、展覧会のタイトルを「あこがれの秋田」にしたんです。

奥山　ほお。

藤本　そんな秋田に対するあこがれの象徴の一つが、あきたこまちなんじゃないかと。あきたこまちという存在を知っているからこそ、秋田で美味しいお米食べたいなあと想像したりして、それがある種、僕たちよそ者にとってのあこがれになっているし、秋田の人たちの誇りにもなっている。そういうことが、今回の取材を通してあらためてわかった気がしたんです。

奥山　はいはい。

藤本　だけどいま関東でも関西でも「あきこまちがこんなに安いよ」と、ちょっとあこがれから遠い存在になりつつあって、もったいないなと思うんですね。そんななか、僕たちが出会った80Sはツヤがあって美味しくて美味しくて、少なくともいまの僕たちにとって、極上のあきたこまちだと思ったので、僕らがこの80Sを売るときのネーミングはこういうのにしたいと思ったんです。それが……。「あこがれのあきたこまち」！。

奥山　お～！

藤本　あきたこまちもいろいろあるけれど、よそ者の僕らがあこがれるあきたこまちはここにあります、と。

奥山　はいはいはい。

藤本　で、上手に炊くコツとか、あきたこまちってこうやって生まれたんだよ、っていうのを商品から伝えられたらいいなと思って、パッケージまで作ってみたので、見ていただけますか？

奥山 お〜〜〜〜！

一同 ふふふふふ。

藤本 「美味しすぎて、こまっちまう」っていう、ダジャレなんですけど。

一同 ふふふふふ。

藤本 かわいらしさと上品さを保ちながら、高品質な感じを出すべく、シンプルに「大粒美味」というのを金色のシールで入れて。で、実はこのパッケージを外すと、裏に漫画が描いてありまして、これはそのなかの一つですが、平沢さんに教えてもらった、米の研ぎ方。「たなごころでギュウギュウやっちゃ、こまっちまう〜！」っていう、そういう小ネタみたいなものが、それぞれに描いてある、という。そんなパッケージを考えてみました。どうでしょうか？

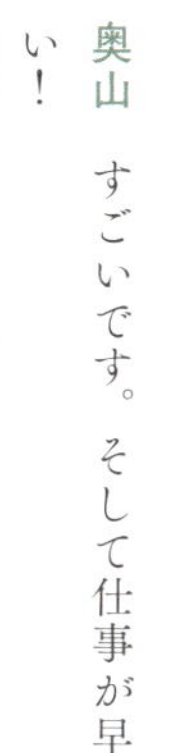

奥山 すごいです。そして仕事が早い！

藤本 みんなで徹夜して作りました。

奥山 いやあ、お土産としてもいいと思います。3合くらいかな？

藤本 3合くらいでやりたいなと思ってます。持って帰りやすいように。で、できたらその展覧会のときに、山盛り売ろうと思ってますから！

一同 はははははは！

藤本 それで、実は最後に、もう1個だけ見てもらいたいものがあって。僕ら取材メンバーのなかに、ときどき一緒に取材に来てくれるミュージシャンの青谷明日香っていう子がいるんです。

奥山 はいはいはい。

藤本 彼女は今回、取材には同行できなかったんですけど、僕たち3年ぶりに取材を復活したので、明日香ちゃんにもどこかで関わってもらいたいなと思って、今朝……悪いクセで急に思いつきまして（笑）。

一同 はははは。

藤本 東京にいる明日香ちゃんに電話をしまして、なんとか20分くらいで曲を作ってほしい、と。無茶なお願いを。それで速攻で歌詞を書いて、曲を作ってもらったんですが、その曲を使ったコマーシャル映像も作ったんです。実はギリギリまで、そこの道の駅で編集してたんですけど、それを最後、見ていただけたらと。

『あきたこまっちまう』

作詞：藤本智士　作曲／唄：青谷明日香

つやつやふっくら
こまっちむすめ
あきたのたから
あきたこまち
おいしさフィーバー
おらだの米だ
今日もこまっち
明日もこまっち
あい～
うめすぎて
こまっちまう
こまっちまう

『あこがれのあきたこまち』CMはコチラから。

奥山　素晴らしい！（拍手）すごい！　発想力がすごいです。

藤本　嬉しい～～!!

奥山　こういう感覚がすごいと思います！　それにやっぱり、すぐ仕上げるあたりが！　それがやっぱりすごいな。

藤本　僕ら、瞬発力しかないんで。

奥山　我々が考えても、結果出るまで1ヵ月くらいかかるのでね。こういう商品まで作るとなれば。

藤本　お会いしてから2日かからず作りました。

一同　はははは！

奥山　これはお土産品にもいいし。

藤本　ありがとうございます！　僕らにとって80あきたこまちは、あきたこまちの印象を変えてくれたし、さらにこんなJAさんもあるんだなってことまで気づかせてくれました。

奥山　こういう提案をいただけると、我々ももっといいものを作らねばならないなという気持ちになるし、いままで、秋田っていうのは、よいものを作るんだけれども宣伝が下手だったりするところがあるから、それが変わっていく、そのきっかけになるっていうこともあるかもしれませんね。逆に勉強させていただきました。

藤本　いやいや、いつでもご要望があれば！　いろんなクリエイターが揃ってますので。

奥山　いや〜みなさんどご雇ったら高げくて！

藤本　今回に限り無料ですんで。

一同　はははは！

―完―

あきたこまちはもうあきた？　そんな疑問から始まった取材でしたが、飽きるどころか、僕たちはますますあきたこまちに夢中です。今回僕たちは偶然にも「80あきたこまち」に出会うことができましたが、美味しいあきたこまちはほかにもたくさん。あなたにとっての「あこがれのあきたこまち」に出会うべく、いつかぜひ秋田にきてみてください。

いつか必ず
秋田に来てくれなきゃ
こまっちまう
こまっちまう～

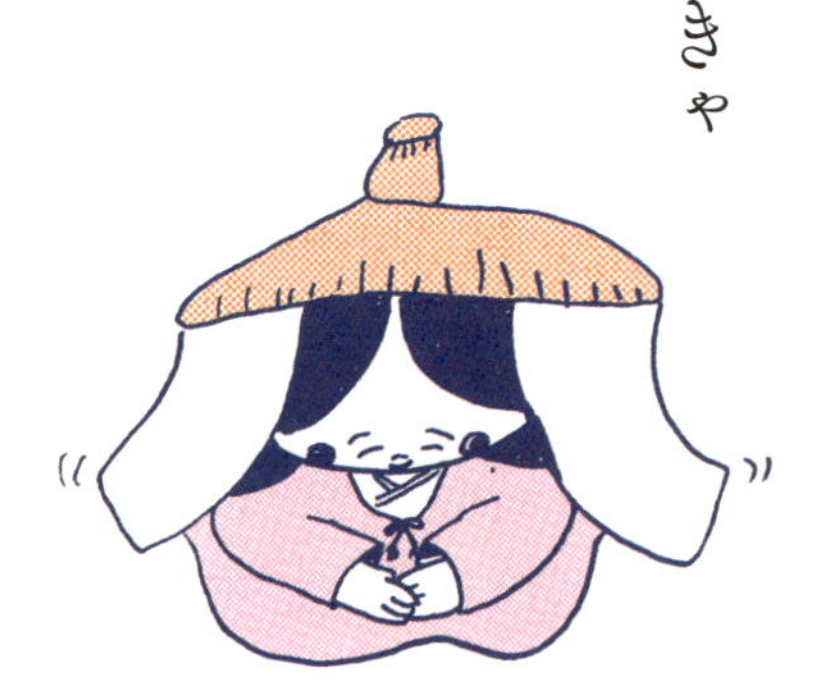

高質な田舎をめざして

道の駅十文字から見る未来

取材・文＝藤本智士
Text＝Satoshi Fujimoto
写真＝浅田政志／鍵岡龍門／船橋陽馬
Photo＝Masashi Asada/Ryumon Kagioka/Yoma Funabashi
絵＝石川飴子
Illustration＝Ameko Ishikawa

「地方創生」なる言葉が踊るいま、そもそも「地方」という言葉が意味するところを平たく言うなら、それはやっぱり「田舎」で、ならばその対極にある「都会」を目指すのが「地方創生」ではなく、あくまでも「田舎」としての質を高めていくことこそが「地方創生」なのだと思います。

秋田という土地を一括りに語るいい加減さを、どうかよき加減と理解いただいた上で、秋田はどう背伸びしたって「田舎」です。しかしそれこそが魅力なのですよと、都会に住むよそ者の僕が言うのは簡単ですが、そのことをそこに住む人たちに実感をもって伝えるのは簡単ではありません。しかしずっと長く秋田に暮らす人に「まずは田舎であることを受け入れ、その上で、より質の高い田舎をめざそう」と言われたら、そこに住む人たちはいったい何を思うでしょうか？

実はこの「高質な田舎」をめざすというのは、秋田県の佐竹知事が語った言葉のなかにありました。そもそも「高質」という言葉は存在しません。けれど、その意図するところは、決して「上質」でも「高品質」でもないのだという、ある種のわびさびを僕はそこに勝手に想像し、おおいに共感しました。では「高質な田舎」とは具体的にどういうことをいうのか？　と想像してみたときに、僕の頭のなかに浮かんだのが今回の特集の舞台である「道の駅十文字（じゅうもんじ）」でした。

今回の特集は、地方創生の肝ともいわれる道の駅の使命について考える特集です。読後、その先にあるニッポンの未来を共有できるとよいなあと思いつつ、そこは『のんびり』。今回もまるで思いもよらない方向に転がっていきます。のんびりじっくりお付き合いください。

のんびり編集長　藤本智士（Re:S）

秋田で暮らす美しき人々
＝あきたびじん

あきたびじんぶつ相関図

道の駅 十文字　駅長
小川健吉さん

親子

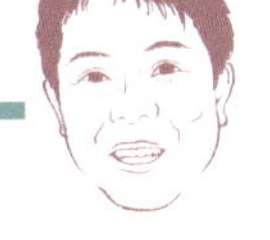

息子
小川章吾さん

のんびり 編集チーム

県外メンバー

藤本智士

浅田政志

鍵岡龍門

山口はるか

服部和恵

秋田メンバー

矢吹史子

田宮慎

船橋陽馬

今井春佳

第1章 道の駅十文字との出会い

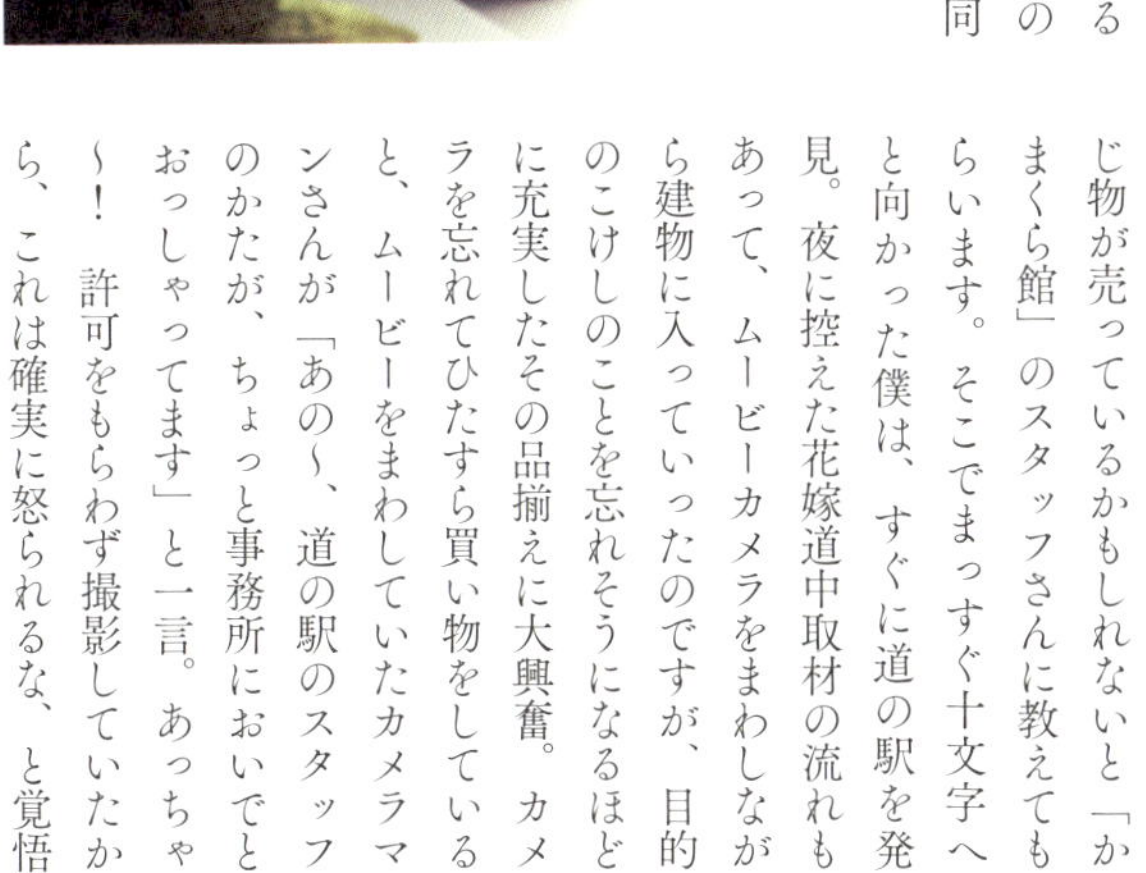

きっかけは3年半前

今回の特集は僕のなかで満を持してという気持ちがあります。突然ですが、ここで話は3年半前へと遡ります。2012年1月28日、まだ本誌『のんびり』がスタートする前のこと。馬そりにゆられ、花嫁が峠を越えていく羽後町の「花嫁道中」という幻想的な行事を取材するべく秋田県を訪れた僕は、取材を前にかまくらで有名な横手市の、その名も「かまくら館」に寄り道。そこに飾られていた非売品のこけしに一目惚れしてしまいます。

どうしてもこのこけしが買いたい！　と思った僕は、こけしの作者である本間功さんという工人がお住まいの横手市十文字町の道の駅に行けば、同じ物が売っているかもしれないと「かまくら館」のスタッフさんに教えてもらいます。そこでまっすぐ十文字へと向かった僕は、すぐに道の駅を発見。夜に控えた花嫁道中取材の流れもあって、ムービーカメラをまわしながら建物に入っていったのですが、目的のこけしのことを忘れそうになるほどに充実したその品揃えに大興奮。カメラを忘れてひたすら買い物をしていると、ムービーをまわしていたカメラマンさんが「あの〜、道の駅のスタッフのかたが、ちょっと事務所においでとおっしゃってます」と一言。あっちゃ〜！　許可をもらわず撮影していたから、これは確実に怒られるな、と覚悟して事務所に入っていくと、赤いエプロンのおじさんが「まあまあまあコーヒーでも」と笑顔で僕たちを迎えてくれました。

衝撃の出会い

そのおじさんは、道の駅十文字の駅長であり、株式会社十文字リーディングカンパニー社長の小川健吉さんでした。怒られるとばかり思っていた僕たちは、予想外の展開に戸惑うまま、そこに着席してコーヒーをごちそうになりました。小川さんたちはおそらく、僕たちの格好や振る舞いから、県外からやってきていることを察したのだと思います。しかしまるで素性の知れない僕たちを招き入れてくださることの意味がわかりません。しかし、驚くのはここからでした。この後、まさかの光景が目の前で繰り広げられたのです。

自己紹介も早々に、小川さんは突然立ち上がり、その場にいらっしゃった近所のボランティアのかた数人とともに歌を歌い出したんです。その名も『道の駅十文字音頭』。呆気にとられる僕たちをよそに、全力で歓迎の気持ちを表現してくださるみなさんを見ているうち、僕はその意図やら理由やら作法やらといった、そういう類いのことを考える気持ちが消えて、ただひたすらに感動しました。

3年間あたためた感謝

そのあと結局1時間ほどいたような

気がします。僕の住まいは兵庫県だということ。関西からここまで車で北上してきたこと。本間さんのこけしを求めて偶然ここにやってきたこと。編集者という仕事をしていること。そんな僕の簡単な自己紹介とは裏腹に、小川さんは初対面の僕に、道の駅十文字を始める前のお話や、若くして亡くなられた奥さんのお話まで、丁寧にお話してくださって、僕は、偶然の出会いとはいえ、このお話をどこかでカタチにしなければ編集者として失礼だとさえ思いました。

また、当時僕は秋田という土地にどんどん興味を持ちはじめた頃で、よそ者の僕が、秋田の人たちと深くコミュニケーションをとっていくには、どう振る舞うことが大切なのだろう？　と必死で考えていた時期でもありました。まるで正反対だと語られることも多い東北と関西。知らずに構えてしまっていたであろう僕を、丸裸で「ようこそ！」と迎え入れてくれた初めての秋田人が、小川健吉さんでした。

音声テープ

ここでそのときに録音していた音声テープを活字化しておきたいと思います。ちょっと読んでみてください。

小川さん（以下敬称略）　これがね「劇団まめでらが〜」の旗揚げ公演。2年前の記事です。

藤本　劇団？

小川　劇も、毎年秋にやるの。

藤本　へえ〜!!!

小川　夜、うちのスタッフがたが仕事終わってから、ボランティアの人がたにここに来てもらって、通し稽古をやるんですよ。

藤本　スタッフさんとボランティアさん、みんなでやるんですね。

小川　そう。ストーリーだけはこちらで考えて、セリフは各自が考える。そうすると、おもしろくなるんですよ。最初はね、「私なんかできないわ」って言ってる人がたが、熱入ってくるんですよ。最初ここがオープンするとき、脚本を全部書いて朗読劇をやったの。朗読劇だからカーテンの向こうでみんな見えてないのに、それでもあがっちゃって、国語の教科書の棒読みですよ。

一同　あははは。

小川　こりゃだめだなと思って、セリフは決めないようにした。ストーリーと流れだけ考えて。

藤本　へえ〜！　すごい！

小川　要はね、感謝なの。感謝。自分たちに何ができるかって言ったってね、お金もないなかでだから、感謝なの。秋田県は、毎年1万2千人くらい人口が減ってるのよ。

藤本　毎年ですか？

小川　そうなの。隣町の旧雄物川町（おものがわまち）ってあるの。ちょうどその地域ぐらいの人口なんだけど、そういう町一つ分ほどの人口が毎年減っていってるの。

藤本　そうかあ。じゃあ経済的には厳しいんですね。ちなみに小川さんはもともと何されてたんですか？

小川　ぶどう農家です。

藤本　へえ〜。

小川　いまは息子がやってる。

藤本　生産してたかたが、いまは小売りもされてるんですね。

小川　そうなの。私はね、一風変わってたの。自分で直接売り込みにいくん

ですよ。20代に仲間を作ってね。東京・神奈川・宮城の生協さんや、県内のスーパー3つやって、とにかく一番よかったのがね、1キロなんぼって自分で値段決めてやれたの。おもしろかったですよ。それがいまに結びついているのかなあって。

藤本　なるほど。

小川　だから、ここの道の駅は外にもガンガン売りにいくんです。誰かに頼る前に、自分たちがどうやったら販売できるかって、考えて、動いて。……しかし喋るね。

藤本　喋るなあ（笑）。

一同　（笑）。

小川　私喋るんですよ。泡出して。

一同　あははは。

小川　ここは道の駅と言えど民間の企業だからね。第三セクターには難しいことも、ここではできるんですよ。

ボランティアさん　だから私らも来やすいんですよ。

小川　あとね、女性のかたにお願いがあるの。女性のみなさんね（同行していた僕のアシスタントの女の子や、女性のカメラマンさんに）私、34歳でうちの母ちゃん（奥さん）と母親、二人亡くしちゃってるの。それはいいけども、若いからっていっても定期検診とかがあったら受けてね。男は表だけは強いけど、いざとなったら弱いから。女の人がいればこそ頑張れる。女の人がいればこそ、世の中明るくなる。そうだよ。俺がこうやって頑張れるのは、ボランティアさんはじめ、女性のみなさんに支えてもらっているからなんです。そういう人がたがね、盛り上げてくれるわけよ。そうじゃなきゃ私も63歳になってね、寂しくなるの。だけどこうやっていれる。女の人には粘りっていうのがあるのね。強さとね。すみませんね（笑）。34歳でしたよ。ちょうどね、結婚生活14年間。子どもが小学校4年と6年だった。

藤本　そうだったんですね。

小川　父親も早く亡くなってたから、まだ小学生の子ども二人とどうやって生きていけばいいかと。出稼ぎにも行けないし、金はないし。で、家にいるには町会議員しかないんじゃないかと思ってね。

藤本　選挙に出たんですか？

小川　そう。

その後、いろんなかたの協力を得てなんとか議員になることができた小川さんは、何度かその報酬をもらううちに、このお金は町民みんなの税金なのだから、地域のために頑張らねばと考えるようになり、そこから地域のためにいったい何ができるか？　と考えては行動し、最後はなんと町長にまでなります。しかし町長になったものの、当時の市町村合併推進の流れには抗えず、合併すれば不要になる新しい役場庁舎建設のための土地に、道の駅を作ることを考えます。それがこの道の駅十文字でした。

藤本　いろんな気づきをいただきました。本当にありがとうございました。

小川　いやいや、またぜひ寄ってください。

藤本　はい、必ずまた寄ります。ありがとうございます。

もう一度言います。これが3年半前の出来事でした。

小川健吉という人（前編）
第2章
道の駅
Jumonji
ようこそ
welcome
今日も元気な道の駅
秋はくだもの冬の漬物
年中豊富な直売所
今日も生き生き道の駅
くり返し
今日もにこにこ道の駅
くり返し

2015年5月7日

衝撃の出会いから3年半が経ち、あらためてやってきた横手市十文字町。11時に道の駅十文字に集合したのんびり取材チームは総勢9名。いつもながらの大所帯。今回はスケジュールの都合で、特集取材に入る前にまず表紙撮影を行います。道の駅十文字を一つの学校に見立て、道の駅に関わるみなさんと集合写真を撮るという今回の企画。のんびり秋田チームがあらかじめ手配してくれていた参加者のなかには、3年半前にここへやってくるきっかけとなった、こけし工人の本間さんご夫婦もいらっしゃっていて、お元気そうな姿に胸がいっぱいになります。

予定どおり14時には撮影を終了した僕たちは、そのまま道の駅十文字のレストランで遅めのお昼ごはんを食べながら今回の取材の戦略会議を始めることに。まずは僕から3年半前の出来事を話し、今回の特集の主旨を共有。その際に、のんびり秋田メンバーが見せてくれたのが、秋田で圧倒的購読数を誇る、秋田魁新報の3月付けのとある記事のコピーでした。

『横手・ふれあい直売十文字
売り上げ過去最高更新
昨年1年間　3億7400万円』

道の駅十文字内の農産物直売所の売上が好調であるという内容の記事に、僕は今回の特集に対するある種の説得力をもらったと同時に、伝えたいことの本意が遠ざかってしまうような不安も覚えました。そもそも僕は、先述のとおり、道の駅十文字が経済的にいかに成功しているか、その秘密を探りたいと今回の特集を組んだわけではありません。ゆえに今後、本特集において、道の駅十文字の成功の秘密！　とか、地方創生の鍵はこれだ！　とか、こっそり教えます物産ビジネスの7つの法則！　みたいな流れは残念ながら皆無です。しかしこれからお届けする内容のその先に、この記事にあるような経済的成功があることも事実。ゆえにもし本特集にそのような成果に繋がる秘訣を求めるのならば「切実さ」と「覚悟」と「感謝」。それとあと一つ「家族」というキーワードをもとに、それぞれが汲み取ってくれればと思います。

さて、話を戻します。数字だけでは見えてこない「道の駅十文字」のスペシャルを丁寧に紐解いてみることを目的に、取材を進めることを決めたのんびりチーム。まずは駅長の小川健吉さんにお話を伺いたいと、お仕事の合間に早速時間をいただきました。

道の駅十文字 駅長
株式会社十文字リーディングカンパニー
代表取締役
小川健吉さん（66歳）

一同　失礼します！

小川　（名刺を配りながら）どうも、小川です。

矢吹　（小川さんの名刺に描かれた道の駅のキャラクターを見て）「さくらんぼばあちゃん」って公募されたんですよね？

小川　そう。ただね、意外や意外、年配の女性のかたに、あまりいい印象を持たれなかったんです。素直に、愛情を込めてやりましょうってやったのに、本物の人がたが、馬鹿にされたようだって。

藤本　難しいもんですね。

小川　そうなんだ……。おい、リーダー！　小松さん！　真奈美さん！　いねが～？　ちょっと、私がなぜ立ってるか。いまね、始まるんですよ。

矢吹　何が始まるんでしょうか？

小川　今日の第1幕が。劇場が。

矢吹　劇場!?

小川　うちは劇団作ってるの。

藤本　お！　出た！

小川　自分たちで必ず年に1回やってるんですよ。

一同　へぇ～！

小川　座長はリーダー。毎年12月に、お客さまへの感謝デーをするんですよ。（スタッフさんに向けて）おいおいみなさん、こっちに来て。はい、歓迎の歌。歌です。うちのリーダーの樋渡直（ひわたしなお）です。

一同　（拍手）

小川　それから、うちのスタッフの小松キミ子。

一同　（拍手）

小川　それから、ボランティアスタッフの三浦トキ子さん。あと、うちのスタッフの小川晋（すすむ）です。

一同　（拍手）

小川　そして、私、小川健吉。みなさんに歓迎の意味を込めて、歌でおもてなしをしたいと思います。

一同　おお～～～!!!（拍手）

小川　さ～んはいっ。

♪みんなが集まる　サロンに～は～♪

一同　わ〜〜〜!!（拍手）ありがとうございます！

矢吹　嬉しい〜！

藤本　これだ、これだ！

矢吹　この歌は誰が作ったんですか？

小川　いつも来てくれている、ボランティアスタッフ代表の柴田陽子さんです。そのかたが作詞作曲してくれて。そうやってボランティアのみなさんの大応援団に支えられてるわけです。そもそも、ここの道の駅はなんで作られたかというと、何かを売ろうとか、何かを食べてもらおうというんではないんです。

藤本　ほお。

小川　この十文字町は合併前、人口も1万5千人そこそこしかいない状況だったけども、千人あたりで考えると公務員がダントツに多くて、飲み屋さんもダントツに多いところ。当時の9市を除く60町村のなかで常にトップクラスだった。それと、何より誇れるのが、健康。いわゆる、国保のお金がかからない。重い病気になるほどかかるんですよ。うちの母ちゃんは34歳で重い病気で早く亡くなってますけども、かからない人がたが多い。実は十文字はお医者さんがダントツに多いんですよ。

藤本　へえー。

小川　だから、お友だちみたいにしょっちゅう行くから、早いうちに治療して重い病気にかからないという。非常に健康の町ということで。だけども心が病んでたのよ。

一同　う〜ん。

小川　プライドを持ってる人ほど、外に自分を発散できないっていうの？　子どもさんがたが大学とかで県外に出て行くでしょ。そうすると帰ってこない。そういうなかで残ってるのは、お父さん、お母さん。あるいは私みたいな、一人になった人。そんな人がたが自分をさらけ出せる場所がないもんだから、なんとしてでも人が集える場所を作らねばとね。だからふつうの道の駅じゃなくて、来たらほっとするっていう、そういうところをね。

藤本　なるほど〜。歌詞にもサロンって出てきましたよね。

（そこでリーダーの樋渡さんがケーキを出してくださる）

小川　俺、いいよ。

樋渡さん（以下敬称略）　あ、それ社長のでねえっす。

一同　あははは。

小川　これは、ここの道の駅で売ってるの。みなさん食べて。

一同　いただきます！

藤本　うまい！

矢吹　しっとりしてる。美味しい〜。

小川　こういうの作ってくれるから嬉しいの。

藤本　お話戻しますけど、そもそも売りたいってことじゃなくてっていうのは、この町に住むかたがたが交流してもらえるようなサロンを作りたかったっていうことですか？

小川　そう。そうなのよ。いわゆる、癒やしの空間を作りたいと。それでこの道の駅を作るときに、県外のいろんな道の駅を見て回ったけども、私の思ってるようなところがないのよ。みんなそれぞれよくやってるけどもね。でも私は同じ屋根の下に全てがあって、心の寂しい、私も寂しいんだけども、そういう人がたがさりげなく来て、会話しなくても、私の顔を見たり、誰か

を見たりしてね。だからトイレもできるだけ大きめのトイレを作ろうと。ゆったりとしたね。そしたらね、それも正解です。朝はラッシュ。地域のかたがたがね、自分の家のトイレよりもこっちまでくる。

一同　（笑）。

小川　ほんと、ほんと。リーダーがよくわかりますよ。

矢吹　リーダー、そうなんですか？

樋渡　ですね。いっつも同じかたたちが（笑）。

小川　ラッシュですよ。

矢吹　家のトイレより落ち着くんだ。

小川　落ち着くと思いますよ。

矢吹　植物もたくさんありますよね。

小川　これね、全部うちのリーダーがやってるんですよ。

矢吹　お手洗いって生花ってあまりないと思うんですよ。造花だと思ってたら、ここは生花で、売ってるお花がちゃんと飾られてて。

小川　リーダーですよ。リーダーが全てやって、それをうちのスタッフが補助的にやって。サロンのところにお魚がちょっといるでしょ。ああいうのも全部リーダーが。

矢吹　すごいですね。

小川　まめなところがある。いろんな人がたがね、うま～くコラボして癒やしの空間ができてる。スーパーさんとかデパートさんとか行けば、休むところもあるかもしれないけど、何かを買わなきゃいけないっていう思いがある。こっちは、それは二の次でいいから、ふらっと来て、何もしなくてもいいからって、そういうのをね。それが原点だから、それだけは忘れるなって、リーダーやスタッフによく言ってます。そして、トイレも自分たちが掃除することによって、来たお客さんがたが「ああ、ここはやっぱり違うな」と思うはず。だから業者さんに任せないで、うちのスタッフがたが朝7時からトイレ掃除して。そういうのが活きてるんじゃないかなと。

藤本　なるほど。

小川　そして、そこではじめて、いよいよ経営だからね。やっぱり物を買ってもらわないといけない。あるいは、食べてもらわなければいけないという。

藤本　ついさっきと言ってること真逆だ（笑）。

小川　そう（笑）。そうなの。だけど、2番目でいい。1番目は、来てくれた人が癒やされる、ほっとする。私みたいなのがいて、喋る。

浅田　小川さんは、これまではどういうお仕事されてたんですか？

小川　私は農業。農業っていうか、ほとんど出稼ぎだったけども。

藤本　以前伺ったとき、ぶどうを作っておられたって。

小川　そう。いまは、うちの息子がぶどう専業です。

藤本　へえ～。

小川　おもしろい農業をしたいという思いがずっとあって。なんで農家の人が自分で作ったものに自分で値段付けられないんだろうなっていうのをずっと考えてて。思い切って仲間4人で、自分たちで開拓してみようって。それで名刺作るのがおもしろくてね。『ぶどう研究会、小川健吉』ってね（笑）。

一同　（笑）。

小川　1ヵ所開拓するのに3年はかかりましたけど。だけど全部がおもしろかったね～。ぶどうを収穫する1ヵ月前に値段を決めてやったの。市場の値段関係なく。おもしろかったですよ。

一同　へぇ～。

小川　だから、金が貯まる貯まる（笑）。

一同　（笑）。

小川　貯まるの。だって、作ってるうちにそろばんはじいてるから。

藤本　へぇ～。そういうことがいま道の駅に繋がるんですね。じゃあ、売り場にあるものの値段を付けてるのは？

小川　全部、農家の人がた。私たちは一切付けません。

一同　へぇ～。

小川　やっぱりね、おもしろい農業をやってもらいたい。最初に道の駅が完成したとき、農家の人がたは小遣い稼ぎでいいって言ったんですよ。でもそれじゃだめだと。小遣い稼ぎでやるんじゃなくて、自分のうちの農業経営が、道の駅十文字のふれあい直売で生活が成り立つんだっていうくらいの、柱にしてほしいっちゅうのが私の思いだから、小遣い稼ぎはやめようよと。

藤本　なるほど～。

小川　ただし、年間で1万～2万しか売らない人でも差別することなく、みんなで盛り上げて。それがいま、ものの見事に。去年で3億7千4百万でしょ。産直だけでですよ。だいたい95パーセントが地物です。

一同　へぇ～～！

小川　母ちゃん亡くなって、子どもが二人、親もいないなかで、地域みんなが育ててくれたもんだから、いまは地域のみなさんにありったけお返ししていきたいなあっていうのが、私の元気でね。それから子どもたちも、ようやく兄のほうが42歳近くになって一人前になって。ここで最初は20万そこらしか売らなかった息子が、去年はぶどうだけでそうとう売ってましたよ（笑）。

一同　すご～い！

小川　それに、スーパーとか生協とかもあるから、そうとう頑張ってるはずですよ。

矢吹　すごいなあ！

藤本　3年半前にやってきたときも、ぶどうの話はすごくよく覚えていて、JAがだめとかそういうことではなくて、シンプルにこっちの農業のほうが楽しいでしょ！　っていうところにものすごく共感したんです。

小川　当時は20代、30代そこらで、どんどん突き進んでたから、正直、私のことあまりよく思わない人がたもいたと思うの。でもいまでは「健ちゃんの言うとおりだった」、「ああ、健ちゃんのやりかた、正解だったなあ～」って。言ってくれる人もいてありがたいですよ。

　と、健ちゃんこと小川健吉さんのお話はこのあともさらに盛り上がり、後半、第3章へと続きます。

第3章 小川健吉という人（後編）

道の駅十文字の大黒柱として大きな一つ屋根を支える健ちゃんこと、株式会社十文字リーディングカンパニー社長、小川健吉さんインタビューの続きです。

藤本　道の駅ができたのは、町長をやってるときですか？

小川　町長をやってるときに、自分から発案して、できたのは辞めてから。この十文字ってとこは非常に交通の便がよくて人口が減らない。それから税金もね。さっき言ったように、ここに住んでる人がたは裕福なのよ。だから、この会社作るときも、隣の増田町と十文字町の住民で公募をしてもらって。そしたら、倍率が3倍なのよ。株主になりたいっていう人が。

一同　へぇ〜。

藤本　その会社が十文字リーディングカンパニー。

小川　そう。リーディングっていうのは、地域をね、ただ儲けるんじゃなくて、常に進行形のなかでリードして、地域貢献していこうではないかっていう。株主のみなさんがたで決めて。ｉｎｇをつけてね。少しは地域に貢献してるんじゃないかなと。

藤本　いや、少しどころじゃないですよ。そもそもサロンを作りたいって思ったときに、なんで道の駅がいいと思ったんですか？

小川　あのね、道の駅がいいっていうのは、トイレでもなんでも、誰でも気を遣わずに自由に使えること、その次の理由として、ここの産業は農業だったんですよ。特に自分は20代の後半から、自分で産直をやってたから、産直だったらなんとかできるかなと。それに商売やってる人がたが、非常に落ち込みはじめたんですよ。それで産直をやればいいんじゃないかってことで道の駅にしようと。ところが最初はね、猛反対されたんですよ。

一同　へぇ〜〜。

小川　１００人いたらね、99人反対ですよ。

一同　え〜〜!!

小川　理由は何かっていうと、十文字は秋田県では珍しい、第三セクターのない町なんですよ。そういうのは作るべきじゃないっていうのが歴代の町長さんがたの考えで。それだから、自分たちで金を投資してやるっていうのにみんな心配してね。でも、ここの土地は役場を建てるっていうので前の町長さんが措置を求めて造成しておいたけど、ずーっと寝たままだったのね。だからなんとかして町のためにならないかって。でも猛烈に反対されたわけ。町民も反対。議会も反対だけども、町長がそこまで言うんだったら、先駆けてやってる道の駅のよいところ見せてあげてってバスで議会の人がたと商工会と町の有識者って言われる人がたを連れて歩いたのよ。そうやって少しずつやって、通ったのよ。

一同　おぉ〜。

小川　ところが、さらなる問題があって、道の駅っていうのはだいたい郊外にあるもんだけど、十文字には郊外がないのよ。湯沢から旧平鹿町の間、(国道)13号を2分かそこらで通過してしまう(笑)。十文字は狭いから。それで計画が止まったけどもね、諦められないからね。で、たまたま13号の陳情で、仙台の整備局に行くときがあったのよ。それで陳情が終わって局長さんとお茶飲むときに、このときを逃しちゃいけないなあと思って言ったのよ。そうしたら、その局長さんなんて言ったかというと「小川町長さん、素晴らしい!」と。「これからは人のいないところに道の駅作ったってだめだ。人の住んでいるところに道の駅作らないと。私、そのための本を出すところなんです」と。

一同　うわあ〜〜〜!!!

小川　そしたら、すぐOKです。

一同　へえ〜〜〜!

小川　それは何かっていうとね、人の住んでるところで、いまいろんな災害が起きるでしょ。人が集まれる、頼っていける防災ステーションになるべきだと。車だけで行けるところだったら行けない人がいるでしょ。いろんな面で運送するにも大変だと。だから、町の中心に作るんだと。トントン拍子ですよ。それでOKが出て3年でできあがったんですよ。

藤本　すごいなあ。あれと同じ物を作りたいんだっていうことじゃなくて、こういうものがあったらいいっていうイメージをカタチにされたからすごい。

小川　いや実際、私が寂しかった。お金を持ってるけど、逆に言えば、プライドが高くてね。私のように人に混ざれないっていう人、関わりが薄くなってしまう人がほかにもたくさんいるのよ。だから誰にも遠慮しないでふらりと来れる。そういうところがあればいいなあと。それがいまうまくいってるんじゃないかなと思いますよ。

藤本　う〜ん。それが、この道の駅の個性になってるし、経済にも繋がってるんですね。

小川　そのためにはね、この一つ屋根の下に全てがおさまらないとだめなんですよ。意外と道の駅は食べるところとトイレと休憩所が分かれてるところ多いでしょ。ああなるとね、難しいんですよ。

藤本　たしかに。

小川　なぜかっていうと、人が入っていけないのは、おっかなさと恥ずかしさ。ところがここは、バリアフリーどころじゃなく全部がわかる。だから入りやすい。入り口を一つにして、屋根を一つにして、トイレを奥にやったのがよかったなって。

藤本　一つ屋根の下か〜。まるで家族だなあ。

小川　スタッフもおもしろいですよ。バイトに使ってくださいって来る人もいるんだけど、ほとんどの人はまず1ヵ月やってみましょうと。そこで本人と話し合って、まだ働きたいということになれば、またバイトで。そこからやる気あるなって、本人もやりたいってなれば、社会保険つけて、今度は本採用って、そういう段階を踏んでいく会社です。でも最初はみんな静かなんですよ。

一同　へえ〜。

小川　だけどよく頑張ってくれてますよ。

藤本　最後は歌い出すんだもんね、みんな。

小川　あっはっは（笑）。私はね、うちのスタッフに、誇りを持ったほうがいいよって言うの。「道の駅は産直の人がたのチカラだけで成り立ってるんではないよ」と。「あなたがたが頑張っているからここがある。でなかったら、どんどん落ちていくはずだ。それを、あなたがたが秋田市に移動販売に行ったり、どんどんエリアを拡げてやってるから、こうなってるんだよ。その誇りを十分持っていい」と。

矢吹　よそと比べるのはよくないですけど、ほかだとただ置いてるっていうところも。

小川　あ〜、ふつうだふつうだ。ほとんどそうです。とにかく、私の役目はね、スタッフがたにも、産直の人がたにも、誰でもみんなに言う。「私が社長をやっている限りは、どんなことがあっても、あなたがたを守るから」と。例えば、お客さんに怒られようが、役所に怒られようが、どんなことがあっても、私はあなたがたを辞めさせるつもりはないし、ただし、何かあったときは、話してくれればと。それでね、スタッフがたとは朝の8時半から20分間、朝礼という名のお茶の時間をやっ

てるんですよ。

藤本　へぇ～。いいなあ。僕たち秋田をこうやって取材していると、取材中に20代、30代の人たちにあまり会うことがないんです。それこそ僕らの年代（30代中心）って、だいたいみんな会社に入ってサラリーマンで、バリバリ働いてるから、そもそもこういう時間に町にいないのは当然だと思うんですけど、でも自分たちの町の未来について一番考えて行動してほしい若い人たちが、僕たちにはなかなか見えてこない。でも、ここは違いますよね。スタッフのみなさんが単純に若い！

小川　そこの二人はね、25～26歳だね。

矢吹　すごいですよね！

藤本　それはすなわち経済が回ってるってことですよね。小川さんが抱いたイメージをこうやって実際にカタチにできるのは、きっと気持ちだけじゃなくて、政治力の部分もすごくあったのかなと。

小川　それがね、よかったね。いろんな部分で自分がバリケードになれる。だから、スタッフがたに何があっても、絶対俺が守ってやる。いまはなくなったけど、当初はね。周りがガンガン言ってくるんですよ。だけど俺には言わない。でも実績で示していけば、自然と何も言われなくなるんです。

一同　う～ん。

小川　リーダーにこの前ね、この会社にいておもしろいかと聞いたら、おもしろいと。でも仕事がきついと（笑）。ほんと大変だものな。外に出るのが大変なんですよ。朝早いからね。まだ帰ってないよ。

矢吹　秋田市で出張販売されてるんですよね？

小川　うん。私が大事だなって思ってるのはね、中心部なんですよ。中心部に行くっていうのはお年寄りが多いの。若いかたは車で移動したりするから、郊外に行ったりするでしょ。中心部が大層寂しい人たち、だけど人生の大先輩のかたがたがおられる。うちのスタッフは若いと。お客さんは孫、息子、娘みたいに接する。そういうときに、うちのスタッフはお客さんからいろんな人生経験の話をしてもらえればいいんです。その人がたも元気をね、うちのスタッフからもらっていただける。そして、その人がたは必ず情があってね。よかったら誰々に電話かけるって。口コミの宣伝をしてもらえるんですね。それが大事でね。

藤本　中央に行くほど年配の人が多いっていうのは、本当にそうですね。

小川　そうなのよ。若い人たちは外に出て行くからね。

藤本　秋田市民市場も、買い物客の人ってお年寄りばっかりなんですよ。

小川　そうだと思います。

矢吹　その人たちはスーパーで買いたくない、人から買いたいっていう。

小川　そうそう、何よりね、喋りたいのよ。自分も母ちゃんが亡くなって31年。いまは寂しい。前は働くことに夢中で。だから夜8時くらいになって、「いやあ、みんな帰るなあ。もうここに泊まろうかな」と。

一同　（笑）。

藤本　あと10年ぐらいしたら、キャラクターをさくらんぼばあちゃんから、さびしんぼじいちゃんに変えたらいいんじゃない（笑）。

一同　（笑）。

今井　広場の隅に置いてある布でできたものも、あれ、さくらんぼばあちゃんですよね？

小川　そうそう、あれがねぇ、もうだめなんだ……。昔は人が入れるようになってて、もう少しふっくらしてたんだけどね。あれ、いまあそこでどうなってるかというとね、あそこにね、水飲み場があるのよ。それがしょっちゅういたずらされてね。ところが寄せられないもんだから。

矢吹　あ～着ぐるみで水飲み場を隠してるんですね。

小川　だからね、かわいそうなんですよ。

藤本　たしかになあ～。

少しお時間をもらうくらいのつもりが、気づけば3時間。しっかりと小川さんのお話を伺うことができたのんびりチームは、一旦秋田市内へと戻ることに。明日以降の取材の動きについて話し合います。十文字町を引っ張る、健ちゃんの思想が、道の駅十文字という、まさに一つ屋根の下でどのように共有されているのか、そのリアルな現場を取材したいと思った僕たちは、欽ちゃんファミリーならぬ、健ちゃんファミリーのみなさん、すなわちスタッフや生産者のみなさんなどに話を聞くことを決めます。そしてさらに、みんながそれぞれに考えていたこと。それはこの取材のゴールのようなものについてでした。『のんびり』も4年目に突入。取材チームとして経験値を積み重ねてきたみんなは、いつしか自然と『のんびり』だからこそできることについて考えてくれるようになっていました。しかしその中身についてはまだあきらかにしないでおきます。まずは明朝、朝礼という名のお茶会に参加するところから、取材を進めていくことを決め、解散します。

第4章 健ちゃんファミリー

5月8日

朝8時、道の駅十文字に到着。のんびりチーム全員で、昨日小川さんがおっしゃっていた朝礼に参加させてもらいます。まずはリーダーが今日のスケジュールなどを説明、続いて小川さんが挨拶と、わずか3分ほどであっさり終了。しかし、この朝礼の最大の目的はこのあとの時間にあるのでした。みんな一緒にテーブルを囲み、それぞれが用意してきた朝ごはんを食べます。ちなみに今日は、小川さん自らが湯がいてくださった山菜のわらびと、差し入れの栄養ドリンクが用意されていました。

小川 リーダーの奥さんからの差し入れでね。

藤本 リーダーの奥さんは何されてるんですか？

小川 ここの副リーダーなの。

矢吹 そうなんですか!?

小川 間もなく赤ちゃんが生まれるの。

藤本 そうですか！ なるほど～、奥さんもここの大変さ知ってるんですね。だから栄養ドリンクを（笑）。

一同 （笑）。

小川 そしてもう一人の副リーダーの堀田良平です。

藤本 堀田さんもお若いですね。おいくつですか？

堀田さん（以下敬称略） 34歳です。

矢吹 30代が中心なんですね。

小川 はい。私も30代で。

一同 あははは（笑）。

小川 いや、泣けてくることがいっぱいあるのよ、ここの会社は。仕事難儀もそうだけども、人の愛情。この眼鏡だってね、リーダーはじめ、スタッフのみなさんが私にプレゼントしてくれたの。

一同 え～～!!

小川 セメダインでくっつけて、ずっと使ってたの。そうすると、落ちるのよ（笑）。

藤本 じゃあ、見かねて（笑）。

小川 そうそう、見かねて（笑）。眼鏡屋に連れて行かれて。申し訳ないなあと思いましたよ。

樋渡　前の眼鏡、あまりにひどくて（笑）。

一同　あははは。

樋渡　ネジもなくて、爪楊枝ささってるがら。

一同　え〜〜!?

樋渡　真面目な話してるどきにレンズポロって（笑）。

一同　あははは。

矢吹　ほんと家族みたいですね。

小川　だから夜は、会社から帰したくない、自分も帰りたくない。今日は3人、秋田市に行ってますね。県庁、牛島（うしじま）商店街、保戸野（ほどの）地区。

矢吹　それぞれ一人ずつ？

小川　そう、だけど相乗りで。はい、どうぞ食べてください。みんなにね、私のとっておきのりんご食べてもらいますよ。

矢吹　むきましょうか？

小川　私がやりますよ。17年主婦業やりましたからね。

矢吹　そうかあ。

小川　子どもの弁当を作りましたよ。

藤本　お子さんは息子さんが二人でしたよね？　二人とも農業やられてるんですか？

小川　一人だけが専業で農業やってて。いまが一番ね、親子関係がいいような

樋渡 直さん

堀田 良平さん

気がしますよ。自分も角が取れたっていうかね。前はいろいろ言ってたけど。親父よくやってくれてんなって思ってくれてるんじゃないの。

矢吹　2番目の息子さんとは一緒に暮らしてるんですか？

小川　そうそう。途中からね。……はい（むいたりんごを渡す）

矢吹　ありがとうございます。……うん、美味しい。

小川　私はね、みんなにこうやって食べてもらうのが好きなの。

矢吹　上の息子さんのお住まいは近くですか？

小川　近くですよ。

藤本　ぶどうを作ってらっしゃるんですよね？

小川　いまは少し芽が出てね。あまり手間をかけない時期だね。

藤本　見に行きたいな。

小川　見に行かないほうがいいですよ。草だらけで有名なの。うちは昔から除草剤使わないから。だから、あそこの家の畑はすぐわかるって言われるの。

一同　（笑）。

矢吹　息子さんと一緒にぶどうを作ってた時期もあるんですか？

小川　ありますよ。いまもやってますよ。前はね、もうだめだったね。息子が、親には教わりたくないって。

矢吹　自分なりの考えがあって？

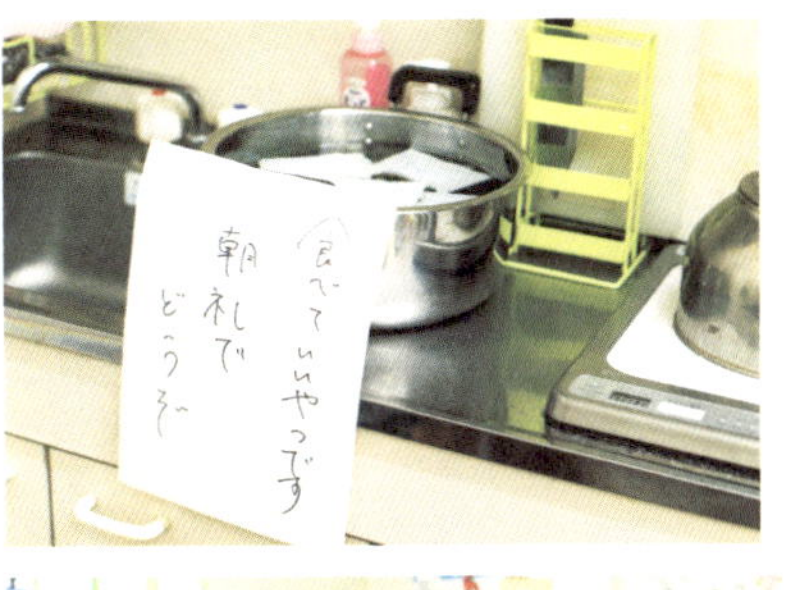

井上太臣さん

齋藤由佳さん

小川　いや、若いときは必ずそうなるのよ。いまは私より上手になって、私をうまく使ってますよ。ちょっとほかのスタッフにも話聞いてよ（笑）。はい、彼はスタッフの井上太臣です。

藤本　井上さんもお若いですね。

矢吹　おいくつですか？

井上さん（以下敬称略）　25歳です。

藤本　若い！

小川　次、齋藤由佳さんです。いくつになる？

齋藤さん（以下敬称略）　今年で24歳です。

一同　おお～!!

藤本　ここ来て何年目になるんですか？

齋藤　今年で4年目です。

藤本　じゃあ20歳とかから？

齋藤　その頃ですね。もともと秋田市の美術短大でデザイン学んでたんですけど、なかなか仕事が見つからなくて、それで、地元に帰ってきて仕事探そうと思って。

藤本　デザインを勉強してたことがいま活かされてる部分もありますか？

齋藤　ここで出してる新聞があって、そこに4コマを描いたり。

藤本　へえ～、見たい！

齋藤　ちょっと待ってください。

（ファイリングしたものを持ってきてくださる）

藤本　あ、「ゆかの4コマ劇場」あった。

矢吹　かわいい！

藤本　（読んで）めっちゃいいねこれ！うん？　ちょっと待って、これリーダーの結婚式？

小川　ほんとは演劇やる予定だったの。タイトルは「ザ・結婚」。そして、私が主役で歳の差結婚。相手は27歳かな、スタッフのさきちゃん。私が64歳で。1幕は、さきちゃんのお父さんお母さんに申し入れに行くのね。
一同　(笑)。
小川　2幕が、本当の結婚式。実は本番の3日前にリーダーと副リーダーから「社長、話があります」と。「なんだ?」と。「私たち、結婚式は挙げられないけど、クリスマスイブに入籍したいので、お知らせさせていただきに来ました」と。「待て、なんで結婚式挙げないんだ」って聞くと「事情があって」って言うから、演劇の本番に結婚式挙げさせてやるから、両方の親から許可もらってこいと。そしてお客さんにも言わないし、誰にも言わないで、その時間まで内緒にして。
一同　へぇ～～。
小川　もうお客さんたちと涙、涙。ね、素晴らしかったよね。
矢吹　すごいなあ～。それが去年?
齋藤　一昨年の12月です。
矢吹　どうでした?　そのとき。
齋藤　社長から聞くまで知らなくて、聞いた上でいろいろ準備して。
今井　じゃあ、3日間で全部。
齋藤　そう。
小川　絶対に口外してはならんと。口外したら会社クビだと。
一同　あははは。
(もう一人スタッフのかたが入ってくる)

長澤奈津子さん

松森千夏さん

吉田駿さん

小川　長澤奈津子さんです。
長澤さん(以下敬称略)　よろしくお願いします。
一同　よろしくお願いします。
今井　長澤さんは、地元はどちらですか?
長澤　十文字です。
今井　おいくつですか?
長澤　31歳です。
藤本　みんな若いな～。こんなに若い人がいっぱいいる秋田、初めて見たかもしれない(笑)。でも地元で働けるっていいですね。
長澤　はい、そうですね。
(さらにスタッフのかたが入ってくる)
小川　あ～来た来た。吉田駿くん。おはようございます。
一同　おはようございます。
藤本　彼もまた若そうだ～。
小川　駿くん、おめぇなんぼになった?
吉田　20歳です。
一同　えぇ～!!　20歳!!
矢吹　若い～!　いつから入ったんですか?
吉田　去年のいま頃ですね。
矢吹　駿くんは、どうしてここに入ったんですか?
吉田　学校を辞めることになっちゃって、親がここに出荷している農家で。
矢吹　そっかぁ。

（さらにもう一人）

小川　はい、松森千夏（ちか）さん、立ちなさい。おはようございます。

松森さん（以下敬称略）　おはようございます。

一同　おはようございます。

矢吹　彼女も若いですね。

小川　高校卒業したばっかりで。

松森　18歳です。

藤本　18歳!?　何!?

一同　ははははは。

藤本　すごいな～。こんな若い人が一緒になってね。

小川　みんな最初は静かだけど、だんだんとね魔法のごとく。

矢吹　ふふふ。

藤本　すごい、かわいがられそうだね。生産者のかたがたに。

松森　（恥ずかしそうに笑う）

小川　よし、そろそろだね。さあ、いよいよ仕事だ。

スタッフのみなさん　はいっ。

見えてきたゴール

朝礼を終えた僕たちは、次々と納品にやってくるみなさんにお話を伺うべく、それぞれに手分けして取材を進めます。そんななか、僕はいまいちど小川さんのお話を思い返していました。道の駅十文字をめぐるさまざまな事象と小川さんの思いが一つ一つ繋がっていくにつれて、僕のなかで今回の取材のゴールとそこに向かう一つの道筋が見えてきました。僕はとにかくそのことを早くみんなと共有したくなって、道の駅の近くにある「デリカテッセン紅玉（こうぎょく）」というお店で、昼食がてら打ち合わせをすることを決めます。

関わるみなさんの声

沁み入るような紅玉さんの美味しいごはんを食べながら、まずはそれぞれが取材してきたことを共有します。この道の駅ができたことでみなさんの暮らしが変化し、そしてそのことをとても感謝されていることが、それぞれの取材からよくわかりました。誌面の都合上、その全てを掲載できませんが、ここでは二人のかたのお話をご紹介したいと思います。

アスパラ生産者 小松真澄さん（32歳）のおはなし

今井 毎日卸しているんですか？

小松真澄さん（以下敬称略） そうですね、いまの時期は。

今井 ご実家ですか？

小松 私は嫁です。80歳すぎのじいちゃんが穫っています。普段はじいちゃんが、頑張って穫っているんですよ。

今井 へぇ～！ そうなんですね。

小松 姑さんが詰めたり、あとは道の駅十文字に持ってこられる人が持ってきてって感じで、家族で分担してやっています。

今井 このシールかわいいですね。

（野菜のイラストが描かれたシールが袋に貼られている）

小松 はい。これは私の手づくりです（笑）。

今井 あ、そうなんですか～！ かわいい。

小松 これをつければ、見分けがついてうちの商品だってわかるので。

今井 あの、畑の様子って見れたりしますか？

小松 たぶん、大丈夫だと思います。ほんとにアスパラしかないですよ？

アスパラ畑に移動

小松庄次郎さん（86歳） 小松実結（みゆ）ちゃん（6歳）

今井 すみません。道の駅十文字でお嫁さんの真澄さんに出会って畑の場所を伺って。

庄次郎さん（以下敬称略） ははは。

矢吹 腰にきそうですね。

庄次郎 んだ。だがら、曲がってしまった。でも穫りやすくなった。

一同 ははは。

今井 誰か来た。お孫さん……？

庄次郎 ひ孫だ。

矢吹 ひ孫!? お父さん、何歳になるんですか？

庄次郎 86歳。

矢吹 お元気ですねー。

庄次郎 あの子いるがらよ。

一同 ふふふ。

庄次郎 じいちゃんの隣で寝てくれるんだ。

矢吹 ほんとにー!?

庄次郎 ばあちゃん亡ぐなって3年なったものな。

矢吹 そうか～。

庄次郎 じいちゃんがかわいそうだからって。

矢吹 優しいな～。

庄次郎 んだな。

お花を販売している
和泉青果

和泉芳治（わいずみよしはる）さん（36歳）のおはなし

矢吹　やっぱり違うものですか？　道の駅ができてから。

和泉芳治さん（以下敬称略）　はい、全然違いますね。やっぱり人の動きが全然変わってきましたし、社長さんも（人を）「待つ」っていうより「呼ばる」。

矢吹　「来い、来い」って。

和泉　はい。そういう人なので、もう十文字のイメージが変わったってぐらい。ありがたいですよ。そりゃあもう。

矢吹　道の駅のスタッフのかたたちもすごい勉強しているし。

和泉　そうですね。野菜ソムリエの協会のかたと連携組んで、試食だったりなんだったりの提案をさせてもらって。私はもともと実家に戻ってくる前は、神奈川県海老名市のサティにいたんですよ。そこでずっと青果のほうを担当していて、陳列だったりをいろいろと2、3年くらいさせてもらってから、販売方法を模索して提案して。

矢吹　じゃあ、道の駅にもアドバイスを。

和泉　最初の3、4年はずっと道の駅にいたので。午後から。

矢吹　えっ！　そうなんですか!?

和泉　実家の青果店の仕事をしながら、午後からはずっと閉店までいて。陳列だったりポップだったりを提案をして。ははは。

矢吹　え～、そうなんですね。じゃあ、いまがあるのも……。

和泉　いやいや！

矢吹　そうか～。道の駅そのものへ貢献もされているんですね。

和泉　例えば、自分の商品を、手前に横並びにしか置かない農家さんもいるんですけど、縦に並べることによって周りの人たちも同じように均等に機会を与えられるとか、もう並べかた一つなので。

矢吹　へえ～～～。

和泉　周りもいいものを出してくれれば、それを買う人がいて、付属でうちのものも買っていってくれるし、やっぱりそこは全部回るところなので。

矢吹　例えばこういう花を束ねるときのノウハウっていうのはどういうところから？

和泉　いや、もう全然誰から教わったものでもなく。いろいろネットとか見て、全部の花が正面になるように見せてるな～とか、ただ束ねるだけじゃなくて、段差にするときれいだな～とか。

浅田　独学ですか～。

和泉　独学です。何流でも、何派でもなく。オレ流で。

一同　（笑）。

みなさんのお話はとてもリアルで、ますますこの町にとって道の駅十文字が欠かせない場所になっていることがとてもよくわかりました。そして、僕はみんなの話を聞きながら、あと一人、とても大切な生産者にお話を聞かねばと強く思いました。僕が描いているこの取材のゴールにその人は不可欠でした。その人とは小川章吾（しょうご）さん。小川健吉さんの息子さんでした。

第5章
無茶なお願い

描いたゴール

道の駅のスタッフやボランティアさん、そして生産者のみなさんがまるで家族のように一つになって成長を続ける道の駅十文字。しかしそれを支える源に、健吉さんの本当のご家族があることは間違いありません。そこでなんとか健吉さんの息子さんである章吾さんのお話を伺ってみたいと思った僕は、道の駅で売られていた章吾さんのぶどうジュースの生産者表記を頼りに、章吾さんの畑を探します。

そもそも僕が描いた今回の取材のゴールとは、簡潔に言うと、劇団でした。「劇団のんびり」。読者のみなさんには「え?」と驚かれてしまうかもしれませんが、僕はもうハッキリとこれしかない！ と思いました。道の駅十文字の魅力は、小川健吉という人の「他人を喜ばせたい」というそのまっすぐな気持ちから、全てが始まっています。お客さん、生産者、スタッフのために！ その気持ちは、決してきれい事などではなく、それこそが健吉さんの喜びであり、言ってしまえば欲望で、それゆえに純粋なのだと僕は思います。

そんな道の駅十文字の溢れるサービス精神の一つの象徴が、お客様感謝デーの日に行われるという劇なのだと思った僕は、健吉さんからいただいた気づきへの感謝を伝えるには、僕たちが劇をして伝えるのが一番だと思いました。さすがに若干ドキドキしながらそのことについて伝える僕でしたが、さすがのんびりチーム、みんなが口を揃えて「ですよね!」と。そう思っていたのは僕だけじゃありませんでした。となれば、さあ、やることは山積みです。しかも取材日程は明後日まで。2日後、本当に公演ができるのか？ ひとまずリアルな調整は置いておいて、章吾さんの畑探しを続けます。

ついに章吾さんに

「住所的にはこのあたりのはず……」そう思って車を降りると、目の前にはぶどう畑とかわいらしい家が一軒。表札を覗くと「小川」の文字が。よしっ、ここかも！ しかし小川さんという名字は決して珍しくありません。ここが本当に章吾さんのお家なのか確かめることができず躊躇していると、突然車庫のシャッターがウィ〜ンと音を立てて開き、中から1台の軽トラックが。そこに乗っていたのは、まさしく小川章吾さんでした。

章吾さんに簡単な経緯を説明した僕たちは、なんとかお話を聞かせていただけないかとお願いをします。すると章吾さん、偶然にも本誌『のんびり』を読んだことがあるとのことで、いきなり訪問した僕たちを招き入れてくださいました。

藤本　いいお家ですね〜。ご家族は？

小川章吾さん（以下敬称略）　3人です。奥さんと小学1年の子どもが。

（小川さんがぶどうジュースを注いでくださる）

健吉さんの長男
小川章吾さん（41歳）

藤本　もうもう全然、おかまいなく。
一同　いただきます！　美味しい～！
藤本　昨日今日と、健吉さんがいろいろお話をしてくれて。気づけば3時間（笑）。
小川　（笑）。
藤本　本当によく喋りますよねぇ（笑）。
一同　ははははは（笑）。
小川　その分、（自分が）喋らないから。
一同　ははははは（笑）。
矢吹　ね！　本当に親子なのか疑いたくなるぐらい（笑）。
小川　そうなんです。
藤本　ねぇー。でも、健吉さんのあの人柄がそのまま道の駅の空気になってて。
小川　そうだと思います。
藤本　章吾さんがぶどう作りを始められたのは、いつですか？
小川　26歳からです。
藤本　それまでは？
小川　それまでは大学を留年、留年で、最後中退してこっちに戻ってきました。
藤本　元々、大学に行かれるときは、「こういう仕事をしたいな」とか何か、明確にあったんですか？
小川　いや、もうずっと小さい頃から農業やろうって決めてたので。ただ、教育学部に入っていたので、小学校の教師もやってみたいと思っていたんですけど、中退しちゃったんで25歳だったし、じゃあもう、すぐやろうってことになって。
藤本　ほぉ～。25歳っていうことは、結構な留年ですね（笑）。
小川　結構、してました（笑）。しかも寮にいたんで。
藤本　じゃあもう、主みたいな（笑）。
一同　ははははは（笑）。
藤本　「あの人に挨拶したか⁉」みたいな。
一同　ははははは（笑）。

小川　そんな感じだと思う。
藤本　大学に入る前、章吾さんがまだこちらにいた頃のお父さんって、どういう感じでしたか？
小川　当時はもうとにかく働いてましたね。寝る暇もなく、夜もヘッドライトつけて、やってましたね。
藤本　そのときから、ぶどうですか？
小川　ぶどうでしたね。議員もやってましたし。忙しかったと思います。
矢吹　それに加えて、子育ても。
小川　ちょうど高校だと、弁当も作らないといけなかったんで、大変だったと思いますね。
藤本　お母さんが亡くなられたとき、章吾さんはおいくつだったんですか？
小川　12歳ですね。
藤本　そっかー。その後中学、高校、大学と、お父さんはずっと稼いできてくれたわけですね。
小川　そうですね。
藤本　そういうのって、子どもとしては、あんまりわからないもんじゃないですか。稼いでいくことの大変さみたいなものって。
小川　そうですね。わかってたら、卒業して……。
一同　ははははは（笑）。
藤本　そうですよねー。そこまでわからせないのもなかなかのもんですね。でも何かきっかけってあったんですか？

小川 いや、ほんと周りがいなくなったんで。そういう主の仲間もいたんですけど。その人すらいなくなって。2000年になる頃だったので。「あー限界だなー」と思って。

一同 はははは（笑）。

藤本 20世紀も終わるぞ、と（笑）。でも、そこからいきなりっていっても大変ですよね。

小川 そうですね。何もわからないで、一から全部教えてもらったんですけど、ああいう感じの親なんで、もう～厳しくてですね。説明も、気持ちでくるんで。

藤本 あー。

小川 なので、かなり最初の頃はぶつかりましたね。ちっちゃい頃はあんまりぶつかんなかったんですけど、同じ仕事をやるようになると、すごくぶつかりましたね。

一同 ふーーん。

小川 30歳過ぎぐらいまでですかね。

藤本 なるほどー。その5年ぐらいがしんどい時期？

小川 そうですね。はい。

藤本 その頃はお父さん、何されてたんですか？

小川 議員を辞めるあたりで。その後、町長選に出るか出ないかぐらいだったと思います。

藤本 なるほどー。それはそれで、お父さんも忙しい。

小川 そうです。議員とその町長選の間に1回辞職しているので、1年間、空白があって、その1年間だけ、二人で一緒にやったってのが、最初で最後なんですけど。

藤本 なるほどー。で、その後に町長に？

小川 （町長に）なったので、町長の仕事をしながら、少し手伝ってもらうってカタチでやってました。

藤本 そうすると、断片的に見られるから、余計にまた。

小川 作業が遅れてくると、知らない間に人に頼んで、仕事させてるんですよね。そうすると、カチーンと。

一同 あぁーー。

小川 思いやりなんだと思うんですけど。

矢吹 でもねぇ。自分で思ってたことをされちゃうと。

小川 遅れてるのは重々わかってたんで。はい。

藤本 そういう自分への苛立ちもありますしね。

小川 寝ないで働いた人なんで。どうしてもその、もどかしく見えるらしくって。「もっとやれるはずだ」と。よく言われましたね。

藤本 そういう意味では、いまの健吉さんはすごく変わったんじゃないですか？

小川 ああ、変わりました。まず、私の仕事のことには何も言わなくなりましたし。だいぶ、歳取ったのか、丸くなって。

藤本 健吉さんは、「いまが親子関係も一番いいときかもしれない」って。

小川 そうかもしれないですね。

藤本 ぶどうの仕事を始めた当初は経済的にどうでしたか？

小川 二人でやっているときは全然、大丈夫でした。やっぱり、一人でやるとなると、やりきれなくて。年々こう落ちていって、豪雪でドンとやられちゃって。いま、だいぶ復活したかなってぐらいで。

藤本 なるほどー。二人でやってたときはいけてたのに。一人になってどんどんこう……。

小川 そうです。目に見えて……。

藤本 それはつらいなー。

小川 やっぱり面積があるので、どう考えても一人じゃやれないんですけど、一人でやることに固執してて。そうすると、いいのが全然穫れなくなって。わるいほう、わるいほうに。

藤本 じゃあいまは一人でやらなくなったってことですか？

小川　いや、大雪でドンっとぶどう棚が潰れたときに、ぶどう棚はあるんですけど、木はないって状態になって、余裕で一人でやれるようになって。

一同　あぁ～。

小川　それで被害の翌年に苗木を新植して、いま徐々に収量が上がってきてる状況です。

藤本　はぁ～。なるほど。

小川　現在は自分のやれる範囲がわかっているので、いまは一人で頑張ろうと。でもこの先、以前の状態まで収量が上がったら、アルバイトなども考えようかなと。

藤本　健吉さんが「おもしろい農業をやりたい」っておっしゃっていたのがすごく印象的だったんですが、おもしろくなってきてますか？

小川　おもしろくなってきましたね。

藤本　シンプルに、お父さんのどういうところがすごいと思いますか？

小川　やっぱり、行動力と、あとは人を巻き込む力がすごいなぁと思います。自分だけじゃなくて、人をこう、巻き込んでみんなでやるっていうのが、すごく得意っていうか引き寄せる力があるんだろうなと思います。

藤本　僕たちは健ちゃんファミリーって呼んでるんですけど（笑）。

小川　みんなが集まってくるんですよね。

藤本　ねー。本当に道の駅が一つ屋根の下で。

小川　そうですね。やっぱり楽しい場を作るのが昔から好きな人だったんで。

藤本　ほんとに、なんか、根っからの寂しがり屋だなと思って。

小川　そうなんですよ。家に帰るともう、シュンとする。

一同　ははははは。

藤本　そんな人が奥さんを早く亡くされてしまって……ね。

矢吹　どういうお母さんだったんですか？

小川　母親は優しかったですね。どちらかっていうと母親似なんですよ。

矢吹　穏やかな感じですね。

小川　話し方もこんな感じだったって言われます。

矢吹　健吉さんのお話を受け止める感じのかただったんですかね。

小川　そう……耐える感じの。

藤本　お母さん似なんですね。

小川　はい。

一同　ふふふふふ。

藤本　健吉さんの持っている忍耐力とか包容力とか。いま、僕たちは、そういうふうに丸くなった健吉さんしか知らないのかもしれないけど、僕らの印象としては、すごくお母さん的な部分も感じるんです。息子たちのこともあるし、いろいろそういう役割もあったのかなぁと思って。

小川　二役やらないといけなくなったんで、そうなったのかもしれないですね。

藤本　本当に「いま一番いい時期かもしれない」って言ってる姿がたまらなくよくって。それは逆に言うと、これまでいろいろ大変だったんだろうなあって。

小川　そうですね。片親で不自由したことは全くないので、その分頑張ってくれたんだろうなあと思いますね。

藤本　いま、お子さんいらっしゃるから、余計に思う事もあるんじゃないですか。

小川　そうですね。

藤本　あのー、今日は8日ですけど、10日の日曜日ってお休みですか？

小川　まあ、はい。

藤本　道の駅で、いつもお芝居やってるじゃないですか。実は僕たちも密かにステージを借りて、健吉さんに劇を見せたいなと画策してるんです。5月10日ってちょうど母の日なんですよね。健吉さんはお父さんなんですけど、さっきのお話のようにお母さんの役割も果たしてくれた人だから、「感謝、感謝」っていつも言ってるあの人に、逆に僕たちから感謝の気持ちを伝えられないかと思っていて。それで、父親に直接感謝を伝える機会なんてふ

つうはないと思うんですけど、例えばそういうコーナーを作らせてもらって、この2日間でお父さんにお手紙を書いていただいて。

小川　えぇ!?

藤本　読んでいただくってことができないかなって。どうですかね?

小川　いや～……。

藤本　自分だったら嫌なんですけど(笑)。

一同　ふふふふふ。

小川　全く考えてなかった……。

藤本　そうですよねー。そりゃ、そうだと思うんですけど、でも「いま一番いい関係だと思う」っていう、そういういまだからこそ、感謝みたいなことを。お願いできないかなぁと。

小川　いやぁ……。

藤本　でもそういう気持ちがないわけじゃないですよね。

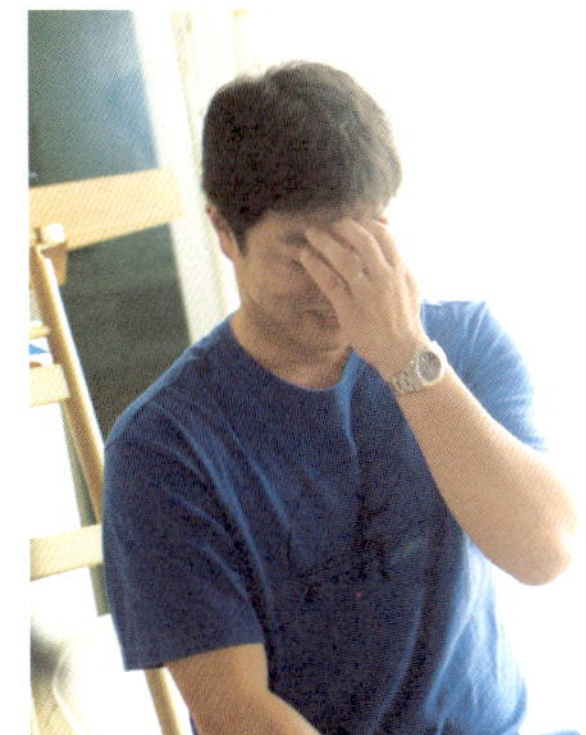

小川　そう、ですね。

藤本　こんなことって、こんな機会がないと、絶対ありえないと思うんで。

小川　ない、ですね。

矢吹　ないです、ないです。

藤本　お願いしていいですか?

小川　はぁ……。

一同　(笑)。

矢吹　「はい」って言わざるをえない。

藤本　僕らもこの取材を通して得たことを含め、健吉さんに感謝を伝えたいんですけど、章吾さんからこれまでの感謝を伝えてもらうということをカタチにできれば、それが僕たちなりの感謝の表現なんじゃないかと。眠れなくなるかもしれないですけど。

小川　断れない……ですよね。

一同　はははは(笑)。

藤本　ありがとうございます! ちょっとそれが叶えば、僕たちは今日……もう帰ります。

一同　はははは(笑)。

藤本　今回いろいろお話を伺いながら、健吉さんが丸くなったんだということがよくわかりました。ただ、そういうことは、それ以前のすごい大変だったことへの想像力も湧いてきて、でもそこはやっぱり息子さんのほうがよっぽどいろいろ思うことがあると思うので、ある意味僕たちが思っていることの代弁であり、それ以上の気持ちを伝えてもらえると嬉しいな、というプレッシャーだけ与えて帰りたいと思います(笑)。

一同　はははは(笑)。

藤本　でもそんなに大げさなこととかじゃなくて、ちょっと思ってることとか、あらためてそうだなってことがあれば。したためていただけると嬉しいな、と。

小川　はい。本当に書いたこと……書いたことないんですけど。

藤本　ですよね。もちろんです。ほんとすみません、突然お邪魔して、こんなお願いを。

一同　よろしくお願いします!!

衝撃の事実

章吾さんに無茶なお願いをして、夕方、僕たちは再び道の駅へ。明後日ステージが空いていることを確認したあと、そもそも健吉さんがその日にいらっしゃるかを確認します。が、ここで衝撃の事実が! な、なんと健吉さん、明後日は仙台出張でいないとのこと。ってことは、あ、あ、明日、やらなきゃいけないってこと……!? げぇえーーー!!! 全員真っ青になりました。

最終章

幕があがる!?

計画練り直し

関西に住む僕や、東京に住む写真家の浅田くんなど、県外メンバーのスケジュールと、秋田在住メンバーのスケジュールを調整した上で、今回の取材にあてられる日程は初日の表紙撮影を含めてわずか4日間。すでに2日が経ち、残された2日間を最大限に活かして、なんとか最終日のお昼に公演ができればよいと考えていた僕たちですが、最終日は肝心の健吉さんが仙台出張という事実が発覚し、全員顔面蒼白。しかしなんとか気を取り直して計画を練り直します。とにかく、こうなれば劇団ののんびり初公演は明日にするしかありません。まずは明日ステージが空いていることを確認し、さらに章吾さんにも電話をして、事情を説明。ただ明日はお昼過ぎまで章吾さんの息子さんの運動会があるとのことで、それが終わってからならOKとのこと。ということで、公演の時間を17時半に決定。当然健吉さんにも、夕方からの時間を押さえていただき、あとは肝心のシナリオ作りです。

果たしたいこと

実は僕には、今回のお芝居を考えるにあたって、一つ果たしたいことがありました。それは道の駅十文字のキャラクターさくらんぼばあちゃんに、いま一度光を当てたいということでした。

一般公募から選ばれたキャラクターさくらんぼばあちゃんは、十文字が誇るさくらんぼがキャラクター化されていること以上に、早くに奥さんを亡くされた健吉さんの、女性に対する尊敬と希望の象徴なんじゃないかと僕は感じていました。さくらんぼが擬人化されたキャラクターのアイデアはほかにもあったと想像します。しかし、女性に長生きしてもらいたいと心から願う健吉さんにとって、それはおばあちゃんでなきゃだめだったのだと思うのです。だからこそ僕は、今回のお芝居のタイトルを、まっすぐ「さくらんぼばあちゃん物語」にすることだけ決めていました。

とにかくそこまでをのんびりチームで共有し、衣装の手配の関係から、舞台を道の駅十文字にしてしまうことまでを決定。そうすれば赤いエプロンさえお借りできれば、なんとかなります。そして肝心の章吾さんのお手紙サプライズへの流れをみんなで喧々諤々話し合うのですが、あまりの急展開に頭がついていかず、なかなかよいカタチが浮かびません。そもそも明後日が母の日ということと、それに伴い、今朝お話を伺った和泉芳治さんが納品するカーネーションが手に入ることもあって、何かしらその状況を活かしたシナリオにすることまでは共有しつつ、今日は一旦、秋田市内へ戻ることにします。

5月9日

朝8時半、あらためてやってきた道の駅十文字。まさかの公演当日。本当に今日の夕方に公演ができるのか?不安で押しつぶされそうになるなか、僕は夜中のうちに考えたシナリオをみんなに説明します。そして大まかな配役を決めると、僕は早速シナリオを完成させるべく執筆タイム。お昼過ぎになって、ようやくまとまったシナリオがこちら。

明日は母の日！
母ちゃんばあちゃんに
感謝を！

『さくらんぼばあちゃん物語』

※ステージ上、なにかと忙しく動き回る赤いエプロンを着たスタッフたち。

〈影ナレーション／藤本〉

ここはとある道の駅。そこにはいつも不思議なキャラクターが座っているのでした。そのキャラクターの名前は「さくらんぼばあちゃん」。実はこの「さくらんぼばあちゃん」には秘密があるのです。その秘密とは……おっと！　今日も道の駅の営業が始まるようです。駅長がやってきましたよ。


〈駅長／矢吹〉

はい、みなさんおはようございます。今日も朝礼を始めたいと思います。明日は母の日ということでカーネーションもたくさん用意しています。われわれにとってお客さんたちは母のような存在です。そんなお客さんへの感謝を忘れず今日も笑顔で頑張りましょう。


〈スタッフたち／浅田・田宮・山口〉

はい！


〈駅長／矢吹〉

では、ほかに誰か報告や質問などありますか？


〈新人スタッフ／山口〉

あの〜。


〈駅長／矢吹〉

おっどうした新人！


〈新人スタッフ／山口〉

あの〜いつも気になってたんですが、これいったいなんなんですか？

※さくらんぼばあちゃんを指差す。

〈駅長／矢吹〉

あぁ〜まだ説明してなかったねえ。実はこれはね、さくらんぼばあちゃんといって、十文字が誇る、さくらんぼと元気なばあちゃんたちを表現したマスコットなの。でも、本当のばあちゃんたちには、馬鹿にしてるように思われてしまって……。実際は、母さんがたを尊敬しているからこそ、公募のなかから選んだキャラクターなんだけどねえ。


〈新人スタッフ／山口〉

じゃあ、その思いをわかってもらえるように、さくらんぼばあちゃんと母の日を一緒にPRしたらどうでしょうか？


〈駅長／矢吹〉

うん？　どういうことだ？


〈新人スタッフ／山口〉

例えば、「十文字のお母さんたちの象徴、さくらんぼばあちゃんにカーネーションを贈ろう！キャンペーン」ってどうでしょうか？


〈駅長／矢吹〉

おお〜なんだかわからないけどおもしろそうだな。それやってみるべ。

※場面転換（音楽）

〈スタッフ／浅田〉

さあみなさ〜ん、明日は母の日！　普段はなかなか伝えられない自分のお母さんへの思いを道の駅十文字の母、さくらんぼばあちゃんにカーネーションとともに伝えてみませんか？


〈お客さん1／服部〉

うん？　なんかおもしろそうね。ちょっとやってみようかな……


〈スタッフ／浅田〉

ぜひぜひ、お願いします！　まいどあり〜。

※カーネーションを渡してお金をもらう。

〈お客さん1／服部〉

じゃあカーネーションをここに置いて、と。おかあさん、いつもありがとう。


〈お客さん2／陽馬〉

おらもやってみるべ！


〈スタッフ／浅田〉

お〜ぜひぜひまいどあり〜。

※カーネーション渡してお金をもらう。

※それぞれアドリブで感謝の気持ちを。
※以降何人かその繰り返し、最後に駅長がやって来る。

〈駅長／矢吹〉
おっ　キャンペーンはどうかね？

〈スタッフ／浅田〉

はい、おかげさまで好評で、カーネーションもあと一束になりました。最後に駅長いかがですか？


〈駅長／矢吹〉

お〜そうか。じゃあまあおれもやってみるかな。ただおれは母さんにでなくて、前の駅長の健吉さんに感謝を伝えたいんだ。いいか？


〈スタッフ／浅田〉

いいですね。ぜひぜひ。では、はい、カーネーションを。


〈駅長／矢吹〉

お〜ありがとうありがとう。じゃあ、小川健吉さん、聞いてください。
※ヤブちゃんアドリブで、今回の取材の感謝の気持ちを。

〈影ナレーション／藤本〉

僕たち、のんびり編集部は、今回3日間の取材を通して、ここ道の駅十文字に込められた小川さんの思いをさまざまな場面で感じてきました。リーダーの言葉やトイレの生花。朝礼のあとの朝ごはん。陳列を直す際に込められた生産者のみなさんへの愛。ボランティアのみなさんひとりひとりの優しさ。この町で働くことを決めた若者たちの姿など。この道の駅十文字という一つ屋根の下、健ちゃんこと小川健吉率いる、健ちゃんファミリーの絆の強さが、この道の駅を支えているのだということをしっかりと感じさせてもらいました。なので、ここからは僕たちのんびりチームからの、ささやかなプレゼントです。ここで、さくらんぼばあちゃんの秘密を明かすことにします。実はこのさくらんぼばあちゃん。みんなの感謝の気持ちがたくさん集まって、カーネーションがいっぱいになったそのとき、さくらんぼばあちゃん自ら、語りはじめるのです。ここで健吉さん、ステージに上がってもらえますでしょうか？
※さくらんぼばあちゃん（鍵岡）真ん中に移動。
※マイクも移動。
※カーネーションいったん回収→陽馬ブーケに。

〈影ナレーション／藤本〉

さあ、耳を傾けてみてください。さくらんぼばあちゃんが、ゆっくりと感謝の気持ちを伝えてくれるはずです。
※章吾さん、ステージ裏のマイクで手紙を読む。
※拍手で締める。
※章吾さん、カーネーションの花束と手紙をもって登場。お父さん（健吉さん）に渡す。

〈影ナレーション〉

さあ、最後は道の駅十文字音頭で締めましょう。みなさんご一緒に〜。
※道の駅十文字音頭歌う。

終幕。

設定とおおよその台詞を確認して、それぞれが役作りするなか、ヤブちゃんが中心になって等身大の「さくらんぼばあちゃん」を制作。これがなかなかのクオリティでテンションが上がります。公演の時間が刻々と近づくなか、今度は自分たちで足場を用意しステージ作り。さらにマイクやBGMなど細

かな音響を確認して、いよいよ公演30分前の17時、ヤブちゃんの電話にこっそりと章吾さんから電話がかかってきます。健吉さんにバレないように車の中で待機してもらい、そこで今回のシナリオと段取りについて大急ぎで説明します。健吉さんが客席に座られたことを確認して、章吾さんは裏口からスタンバイ。怒濤のような展開で練習時間もままならないですが、もう腹を括ったのんびりチーム。客席には、秋田チームが周辺にお住まいの友だちに電話してくれたこともあって、突然の告知にかかわらず、30人ほどのお客さんが来てくれました。時間は17時半。いよいよ開演です!!!

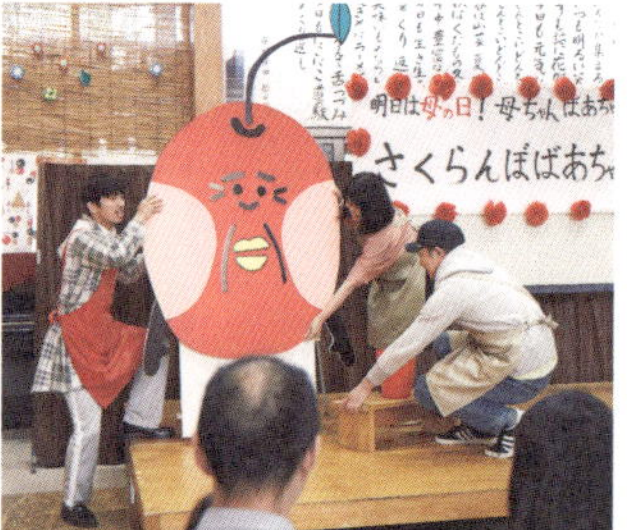

全く初めてにもかかわらず、なかなかいい役者っぷりの、のんびりチーム。浅田くんと陽馬のやりとりに爆笑するお客さんを袖から眺めながら、僕ははっと胸を撫で下ろしていました。そしていよいよサプライズの時間。緊張のなか、ステージに上がってきてくださった健吉さんに向かって、章吾さんがお手紙を読んでくださいます。そのお手紙を、章吾さんの許可のもとこちらに記します。読んでください。

父さんへ

折角こういう場を頂けたので、真面目に書いてみました。聞いて下さい。

小さい頃、父さんは、ただただ怖い存在でした。
今と変わらない大きな声で怒られると、小さな私は本当に震えていました。
冬の間、出稼ぎのため東京に行って家を空けているとき、
すごく家の中が穏やかだったのを覚えています。

自分が12才の時、母さんが亡くなり、婆ちゃんも亡くなりました。

男三人が家に残り、子どもながらに大丈夫か心配でした。

でも大丈夫でした。父さんは怒らなくなり、やさしくなりました。

家の中は少し整理できてませんでしたが、朝夕のご飯、高校の時の弁当に困ることはありませんでした。

その当時も父さんには感謝していました。農業、議員の仕事の他、アルバイトもしていました。

怒らなくなったのも、精一杯頑張っているからだと分かっていました。

ただ今、自分が親になって、今の自分より若かった父さんが子ども二人を一人で育てなければいけなくなったことを思うと、以前の感謝の気持ちとは比べられない感情がでてきます。

改めてありがとうございました。


感謝の気持ちは常にありましたが、同じ農業を職業とすることになって、父さんとは、衝突が多くなりました。

仕事ができないのに手を出して欲しくない子どもと、我慢できず私に内緒で手を出してしまう親という構図でした。


作業小屋のドアに鍵をつけて、手伝わせないようにしたこともありました。

山ほどしなければいけない仕事はあるのに、父さんのように夜ヘッドライトまでつけて農作業をすることに否定的でした。そこまでしなければいけない農業って本当に仕事として成立しているのかと考えていました。

そんな私も、ようやくですが事業主としての自覚が少しはでてきたのでしょうか?

今では繁忙期にはヘッドライトをつけて当たり前に作業しています。

今現在、父さんは道の駅の事業主、私は生産者という立場です。

外で働く姿は、道の駅ができるまで、あんまり見ることはありませんでした。

今の道の駅の元気で温かみのある活気は父さんそのものだと感じます。

周りの方々に協力してもらい、また巻き込んでワイワイやっている姿に、カッコよさまで感じています。

ただ職員の方々や道の駅を応援してくれてる方々は父に振り回されすぎないよう程ほどでお願い致します。


最後に孫はまだ小学一年生になったばかりです。また私はまだ親孝行ができていません。

体には十分気をつけて、一年に一度健診ぐらい受けて下さい。

これからも農作業を含めいろいろとよろしくお願いします。

息子　小川　章吾

嬉しくも照れながら戸惑うふりをしていた健吉さんでしたが、章吾さんに花束をもらって、まるで何かが爆発したかのように泣き出す健吉さんの姿に、僕たちも客席もみんなが大号泣でした。この町を支える父子が握手しあう姿に、僕は地方の幸福な未来を想像しました。愛に溢れるこの道の駅十文字は、秋田の誇りであり、日本の未来の一つのカタチだと強く思います。

あ、そういえば、最後に神さまから僕たちに一つプレゼントがありました。客席でこの劇を見てくれていた一人の女性が僕に一言。「さくらんばばあちゃん、私が考えたんです。端っこでしょんぼりかわいそうだと思っていたので、こんなふうにしてくれてありがとうございました」。僕はもう一泣きしちゃいそうでした。

初出
2015年7月15日発行
「のんびり」VOL.13（2015 Summer）

おらだのわらび座。おらだの光。おらだのエンターテインメント。

取材・文＝藤本智士
Text＝Satoshi Fujimoto
写真＝浅田政志／鍵岡龍門／船橋陽馬
Photo＝Masashi Asada/Ryumon Kagioka/Yoma Funabashi

普段は兵庫県に住む僕が秋田県に訪れては取材を繰り返し、本誌の制作を進めていくなかで、常に意識していることは「よそ者の役割」です。その土地にあたらしい風を吹かせる役割を担っていると自覚する僕は、秋田で暮らす人には当たり前すぎてそのよさに気づかないもの、秋田にいるからこそ、かえってわかったような気になってしまっているもの、そんな事柄に注目してこの『のんびり』を作ってきました。そうやって約4年、14冊も『のんびり』を出しているとさまざまなことが起こるものですが、そんななかでも、特に気になっていたことがありました。

2013年末発行の、『のんびり』7号で「理紀之助が教えてくれる本当の経済」と題し、秋田の偉人、石川理紀之助について特集をしたときのことでした。その直後に、偶然にも「リキノスケ、走る！」という石川理紀之助を題材にしたお芝居が秋田で上演されました。そのタイミングのよさに驚いた僕は、こんなこともあるんだな〜と不思議に思っていたのですが、さらにその1年後の2015年春、『のんびり』12号で「たのためぞ〜成田為三が伝えたかったこと〜」という秋田生まれの作曲家の特集を組んだその直後に、またしても秋田で「為三さん！」という成田為三の生涯を描いたお芝居が上演されたのです。

先述のとおり、よそ者の役割について日々考えながら『のんびり』の編集に取り組む僕にとって、この出来事は単なる偶然のようには思えませんでした。もちろん、お芝居を上演するというのは、脚本、演出、お稽古、さまざまな制作含め、とても手間と時間がかかるものです。『のんびり』を見てから演目を決めたなんてことはありえません。つまり、ほぼ同時に同じ題材に注目したということ。僕はその着眼に僕と同じ、よそ者の意識を感じました。しかしです。それらを上演した劇団の名前は「劇団わらび座」。なんとも土着的な匂いのするその劇団が、僕のようなよそ者であるとはおよそ思えませんでした。

さて、今号の特集は、そんなきっかけから知ることとなった、劇団わらび座をめぐる物語です。僕たちの想像を遥かに超えて、まるでわらび座の舞台のごとき感動のフィナーレへと突き進む取材にどうか今号もお付き合いください。日本のエンターテインメントのたしかな未来がここ秋田にありました。

のんびり編集長　藤本智士（Re:S）

秋田で暮らす美しき人々
＝あきたびじん

「あきたびじん」ぶつ相関図

わらび座

わらび座 取締役社長
山川龍巳さん

広報
管野紀子さん

民族芸術研究所 所長
小田島清朗さん

「政吉とフジタ」主演
安達和平さん

「為三さん！」主演
鈴木裕樹さん

ニューソーラン節
インストラクター
川井田南さん

のんびり 編集チーム

県外メンバー

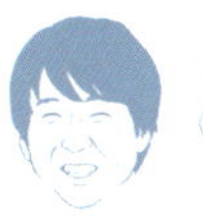

藤本智士　浅田政志　鍵岡龍門　山口はるか　服部和恵　矢吹史子　田宮慎

秋田メンバー

船橋陽馬　澁谷和之　今井春佳

第1章 わらび座

初めてのわらび座

序文で書いたとおり、『のんびり』特集とわらび座公演との絶妙なリンクに、いよいよわらび座のことが気になって仕方がなくなった僕は、ついに観劇の機会を得ます。2015年のある夏の日、僕のもとにとある鼎談の依頼がやってきました。そのお相手の一人が、わらび座社長の山川龍巳さんだと知った僕は、舞台を観劇させていただくことを条件に、その鼎談を引き受けることにしました。そうして訪れた劇団わらび座のホーム、わらび劇場。仙北市という秋田市内から離れた場所にあることや、妙な先入観から、こじんまりとした劇場を想像していたのですが、目の前に現れたのは席数710を抱えるとても立派な劇場で僕はびっくりしてしまいます。そのとき、初めて知ったのですが、なんと、劇団わらび座は国内外で年間約1200公演を行い、約48万人を動員。劇団四季、宝塚歌劇団に次ぐ規模を誇るというのです。もはや、わらび座に対する僕のイメージはきれいさっぱり消え去りました。そんなまっさら状態で観たミュージカル「為三さん!」。それはそれは素晴らしい舞台でした。

9月27日

初めてわらび劇場に訪れた日から約ひと月がたった9月27日。『のんびり』15号特集取材初日。すでに秋田入りしていた僕と秋田チームは秋田市を早朝出発し、東京からやってくる浅田くん鍵岡くんたち写真家チームと角館駅で合流。そこから10分もかからず到着したのは「たざわこ芸術村(現あきた芸術村)」でした。見渡す限りの田んぼのなかに、突如として現れるこの村は、劇団わらび座の本拠地として1996年にスタートしたエンターテインメントリゾート施設で、わらび劇場のほか、温泉施設の「ゆぽぽ」や、田沢湖ビールのブルワリーやレストランなどが内包され、わらび座観劇のみならず、秋田の食や温泉までもしっかり楽しめる場所になっています。わらび座のことを深く知りたいと今回の特集を決めた僕たちですが、実は秋田チームも含め、わらび座のお芝居をきちんと観たのは、先述の鼎談のために観劇させていただいた僕とアシスタントのはっち(山口)だけ。ということで、わらび座さんがのんびりメンバー全員を「為三さん!」の舞台に招待してくださったのでした。

ミュージカル「為三さん！」

10時前、わらび劇場に到着した僕たちは、今号の取材におけるさまざまな調整でお世話になっているわらび座広報の菅野紀子さんにご挨拶。早速、みんなでミュージカル「為三さん！」を観劇させていただきます。そもそも成田為三さんについては、『のんびり』12号で特集取材済み（のんびりHPでPDF公開中です）。のんびりチームにとっても思い入れの深い成田為三さんの生涯が、ステージでどんなふうに描かれるのか？　のんびりチーム全員とても楽しみな様子。さあ、いよいよ開演です！

終演後のみんなの顔は想像どおりでした。ここでそのストーリーについては触れませんが、とにかくその感想を伝えるためにも、今回、主役の為三さんを演じる鈴木裕樹さんにお話を伺うことにします。

鈴木裕樹さん 32歳

藤本　お疲れのところありがとうございます。

鈴木さん（以下敬称略）　いえいえ。あ、なんか、この感じ、見たことあります（笑）。

一同　はははは。

鈴木　いつも、本当に楽しく読ませていただいています。

一同　ありがとうございます！

藤本　嬉しい。たしか鈴木さんは大仙市出身なんですよね。高校がうちの澁谷と一緒だとか。

鈴木　はい、そうなんです。俺の2こ上だと思います。

澁谷　俺が3年生のとき、1年生っていうことですか？

鈴木　はい。

一同　へぇ〜！

藤本　前に観させてもらったときも『のんびり』12号をこんなふうに置いてくれてて。

鈴木　参考にさせてもらってます。

矢吹　いや〜。嬉しい。

藤本　石川理紀之助さんの特集をしたときもそうですけど、当然僕たちはわらび座さんがお芝居やることは知らず。

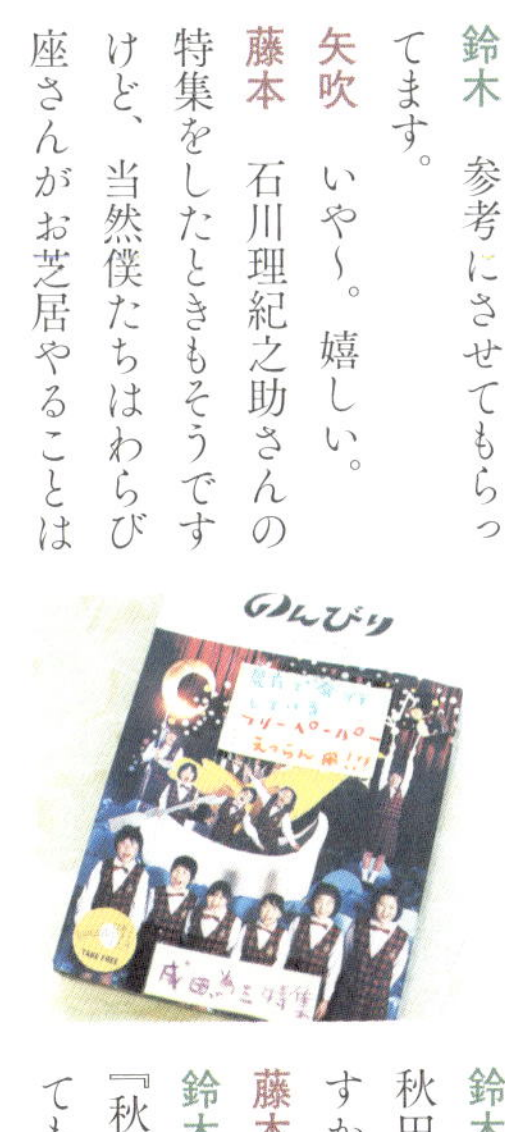

鈴木　あ、やっぱりそうなんですね。

藤本　そうそう偶然です。今回の為三さんもそうだし。そこがなんか、おもしろいなあって。

鈴木　なんか、目のつけどころが一緒というか。

藤本　まずは褒め合います？　そこ。

一同　はははは。

鈴木　ちょうど稽古中に『のんびり』を見せてもらって。

藤本　あ、そういうタイミングだったんだ〜。

鈴木　いや、ほんとおもしろいです。後藤惣一郎さん（為三さんを尊敬してやまない秋田在住の作曲家）を引っ張り出すところとか。

藤本　後藤さんもかなりご年配だし、そういう意味では成田為三が未来に繋がるかどうかの瀬戸際という状態のなかで、こうやって舞台を通して為三さんがまた秋田の人に息づいていくわけだから、これこそ舞台の力だな〜って思います。

鈴木　やっぱりこの作品は、秋田県以外じゃできないですから。

藤本　ほんとに。

鈴木　秋田県のみなさんも『秋田県民歌』は知っていても作曲者の名前は知らな

いっていうのがほとんどですし。ちなみに今回、わらび座を取りあげていただくっていう話になったのは、社長との鼎談があったじゃないですか。

藤本 いや、それはね、だからってわけじゃなくて。

鈴木 あ、そうなんですか。俺、絶対に社長が根回ししたんだと……。

一同 ははは（笑）。

藤本 『のんびり』担当の県庁職員のかたが何人かいらっしゃるんですけど、1年ぐらい前からずっと「わらび座さんの特集はどうだろう？」って言われてて。実はこう見えて毎回ちゃんと編集会議をするんですよ。県庁のおじさんたちと喧々諤々。そういうなか、わらび座をほぼ誰も観たことがないのに取り上げるのは逆に不誠実だなと。だから「まずは観なきゃ」って思ってたんです。でもなかなか観に行けてなくて、そこにその鼎談の話があったわけですよ。だから社長の山川さんの根回しじゃないです（笑）。

一同 （笑）。

藤本 そういうご縁でついに観劇させてもらって、もう、すっげー感動しました。

鈴木 あぁ～。

藤本 僕は勝手に、誌面だから伝えやすいことと、舞台として伝えやすいことって別だろうと思ってたんです。僕らの作る物は、読み手のペースでじっくり読んでもらえるから、そういう意味で、伝えたいど真ん中の本質を表現しやすいメディアだと思うんですね。特に『のんびり』は一つの特集に何十ページって尺を取るので。一方それがミュージカルになるとき、そこで表現される部分っていうのは、僕たちとは軸が違うって思い込んでたんですよ。

鈴木 うん。

藤本 だけど「為三さん！」の舞台を観たときに、僕たちが伝えたい！って思っているところのど真ん中がエンターテインメントになっているから、すんげーーーっ！と思った。

鈴木 あぁ～。

藤本 そのことにもうめちゃめちゃ感動しました。なのでその足そのままの勢いで、次の特集はわらび座にしたいって県庁の人たちに相談した、っていうのが今日に至る流れです。

鈴木 なるほど～。

藤本 だけどね、ここにいるメンバーの半分が秋田在住なのに、今日までみんなちゃんとわらび座を観てなかったんです。

矢吹 私たち、劇場で観るのは実は初めてでした。

藤本 そういう感じだから、みんなに「わらび座ってどうなの？」って聞いても、何となくふわふわした意見ばっかりで。秋田の人でも、特に若い世代は結構そうなのかなって。

鈴木 僕もそうでした。入るまで観たことなかったので。

一同 え～っ！

矢吹 そうなんですね。じゃあどうしてわらび座に？

鈴木 もともと学校の先生になろうと思って大学に通っていて、でもそれが、どうやら自分の一生の仕事にならないなって思って、それが大学4年のときで。

藤本 うん。

鈴木 気づくのに4年かかっちゃったんですけど。それで学校を辞めて。

藤本 うんうん。

鈴木 それで次、仕事として何をやっていこうかなと考えたときに、やっぱり自分は本当に好きなことしか続けられないなと。そんな自分が何なら続けられるのかって考えたときに、歌ったり体を動かしたり、それと潜在的に目立ちたいっていうのがあったので、こういう仕事をやろうと。
藤本 あ〜、なるほど。
鈴木 でも、何もやったことがなかったので、とにかく東京に行こうとしたんですけど、周りに止められて。そのときに、地元にわらび座っていうのがあって、そこは入って2年間、研究生として勉強する期間があるって聞いて。それがすごく魅力的で。
矢吹 今年で何年目になるんですか？
鈴木 研究生を含めて10年目です。
一同 お〜。
藤本 それでこうやって主役をやれるんだからすごいよね〜。
鈴木 地元の作品なので、やっぱり地元の人間っていうのは強いですよね。
藤本 特に「為三さん！」は地元色が強いというか。兵庫県の人間がまさか客席で『秋田県民歌』を歌わされるって、そんなお芝居ないよね。
一同 （笑）。
鈴木 あの歌う場面になったら、みんないっせいに歌詞が載っているパンフレットを持ってね。実は上から見てるんです。あの場面、僕は出ていないんですよ。
一同 あぁ〜。
鈴木 秘密の部屋で客席をずっと見てて。大きな声で歌う人もいれば、さっぱりな人もいますけど。小学校の子どもたちもよく来るんですけど、普段から学校で県民歌を歌っている子たちが来て、みんなで歌ってくれたときは、ステージ上で役者が感動して涙を流してて。
一同 うわぁ〜〜。
鈴木 客席からの反応でステージの役者が感動しちゃう。そんなのふつうないですよね。
藤本 なるほどなあ。そもそも僕が住む兵庫県は県民歌があるのかどうかすらわからないし、これだけ県民歌が根付いてる県って、秋田くらいじゃないのかな？
鈴木 そうですよね。
藤本 鈴木くんって、いま、いくつでしたっけ？
鈴木 僕、32です。

藤本　うちで言うと（船橋）陽馬ぐらい？
船橋　僕、34ですね。
鈴木　それにしても、すごい、大所帯ですね。
藤本　でも、わらび座ほどではないよね。のんび座は（笑）。
一同　（笑）。
鈴木　チームの感じがすごいありますよね。
藤本　でも、お芝居こそそうですよね。
矢吹　今日観ていたら、一人何役やっているんだろうってくらい、同じ人がいろんなことをしてて。
鈴木　最低みんな6〜7役くらいはやってますね。ちなみに僕は、わらび座はステージで舞台をやることと、もう一つ、踊り教室をやることがわらび座の柱だと思っているんです。
一同　へぇ〜。
鈴木　毎年、何万人っていう中学生、高校生が修学旅行で来て、ステージを観て踊り教室をやるっていうのがセットになっていて。終演後に出ていた役者がそのままインストラクターになるんです。
鍵岡　すげ〜！
鈴木　2時間弱練習をして、最後にステージで発表会をやるんです。
矢吹　最高ですね。
鈴木　これがね、本当にいい仕事で。都会の学校からクラス全員が飛び出して、いつもと違う土地でいつもと違う体験をすることで、友だちの普段は見えなかった部分が見えてきたり、それぞれ人の見方が一気に変わっていくのがすごいんですよ。
一同　へぇ〜〜〜。

鈴木　わらび座の人間の力を借りて、子どもたちが目に見えて変わっていくんですよね。声がどんどん出てくるようになって、ほかのクラスを応援したり。
一同　うんうん。
鈴木　わらび座は、そういう仕事を30年以上やっていて、舞台ももちろんですけど、ここに来て子どもたちが変わる、そういう場を作るっていうのも大きなことなんです。
藤本　それを目の当たりにできるんだもんね。
矢吹　先生より先生みたいですね。
藤本　結局、先生じゃんみたいな。
一同　（笑）。
鈴木　そういえば先日地元の小学校の学習発表会の劇に出てきたんですよ。
一同　え〜！
鈴木　最初は6年生の劇の指導をしてくださいって頼まれたんですけど、その脚本がすごくよくて「出してくれませんか？」って。
一同　へぇ〜〜。
藤本　そういうふうに、学校に行って教えるってことも結構あるんですか？
鈴木　ありますね。地元で講演したり。こないだは、為三さんの地元の米内沢（ないざわ）小学校に呼ばれて行ってきました。
藤本　そうかー。今回の「為三さん！」も、ある種、秋田いいでしょ？　素晴らしいでしょ？　っていう地元の人たちに向けた秋田礼賛の物語のようだけど、実は県外の僕が見たときに、そう見えないのがすごい。つまり、僕にとっては神戸だったり、それぞれの地元への思いにきちんと落ちてくる。
鈴木　そうですね。
藤本　そういうところに、わらび座の使命みたいなものを感じるんです。鈴木くんはいま10年わらび座にいて、今後ってどういうふうに考えているんですか？
鈴木　今年が「為三さん！」で、去年は平賀源内（ひらがげんない）の作品で、小田野直武（おだのなおたけ）っていう秋田出身の絵師の役をやって、その前はジブリの「おもひでぽろぽろ」で山形の農業青年のトシオって役をやって。ここ3年ぐらいずっと地元、東北の人物の役をやっているんですけど、演出家のかたは大抵東京から来られるので、自分がネイティブの秋田弁を喋れるってことがこんなにも武器になるんだってことをあらためて感じさせてもらったんです。ここにいる人たちだけとやっていると気づかないんですよ。でも、偉い先生が来て、それを「よい」ってひっぱりあげてくれる。方言ってこんなにチカラがあるんだって。わらび座はツアー公演もたくさんやってますけど、やっぱり僕はここにいて、この間やった学習発表会のように、地域と劇場っていうのを結んで、人と人の繋がりを作っていくのが、外から来た人間ではなくてここで生まれ育った人間としての自分の役割だと思うんです。地元では僕のことを孫だったり息子のように思ってくれている人がたくさんいて……。その人たちが「おらだの（自分たちの）鈴木裕樹だ」って。それがもっと秋田県内へと広がって「おらだのわらび劇場だ」って、そういうふうに思ってくださる人をどんどん増やしていきたいって思っているんです。

一同　うん。

鈴木　やっぱり、首都圏でやっているわけじゃないですから。ただ、そこでやっているものは全国で勝負できるレベルの高いものでなくちゃいけない。

藤本　いやぁ、本当に未来のカタチだ。さまざまな地方でわらび座のようなものが生まれればいいなあ。

鈴木　うん。そうですね。

藤本　いやぁ「為三さん!」は本当にロングランすべきお芝居だよ。僕が観てきたこれまでのミュージカルって、ブロードウェイにあこがれた人たちが、あっちのものを持ってきてやる。もしくは、こっちで作るんだけど、あっちみたいなものを作るっていうものばかりで、それはそれでとても楽しいんだけど、本当にその土地のもの、この地面から掘りだしたようなミュージカルが生まれているっていう気がしてワクワクしたなあ。

鈴木　農作業がひと段落して観に来て、「観ている間、膝とか腰の痛みを忘れて楽しむことができました」って。僕は、そういう人たちにこそ観てもらいたい。そういう劇場の在り方でいたいなって思いますね。

藤本　うん、すごい。それはこれからのやり方っていうか生き方だと思うし。それをわらび座は見せてくれている気がします。そんななかで鈴木くんのような看板役者が、それを思って演じているってことがわかって、本当によかったです。なかなかの32歳だね〜。未来あるね〜。すごいな秋田。

一同　ははは。

第2章 わらび座の使命

ミュージカル「為三さん！」を実際に観劇したのんびりチーム。取材冒頭にして鈴木裕樹というおらだのスターに惚れ込んでしまいました。そこで次にお話を伺ったのは、わらび座社長の山川龍巳さん。インタビューが続きますが、妙な年表を書き記すことよりも、ここでぜひ、そもそもわらび座とはなんなのか？　を山川さんの言葉から感じてもらえたらと思います。

わらび座取締役社長
山川龍巳さん 63歳

藤本　あらためて、「為三さん！」を観させてもらいまして。

山川さん（以下敬称略）　藤本さん以外は全員秋田ですか？

藤本　半分くらいですね。でも秋田メンバーの反応がおもしろくて。県外の人間からすると、当然秋田のメンバーは何回かわらび座の公演を観ているもんだと思っていたら、みんな、ほぼ初めてで。

山川　こういう意識的な人たちがやっと観始めてくれるようになってきたという、珍しい現象なんですね。

藤本　そうか〜。いま、そういう状況なんですね。

山川　要するにわらび座ってのはね、全国公演でずいぶんと推しだしていき、そのことをわかっている人はわかっているわけだけど、やっぱり秋田の人たちのなかでは田沢湖のものだという印象が強いんですね。

矢吹　そうかもしれないです。

山川　だから秋田市「エリアなかいち」のにぎわい交流館でわらび座の舞台をやれるっていうのは非常に重要なきっかけになるんじゃないでしょうかね。

矢吹　明後日拝見しようと思っています。「政吉（まさきち）とフジタ」。

山川　それは。ぜひ。

藤本　聞きたいことが山ほどありすぎて、何からと思うんですけど……。

山川　ええ、ええ。

藤本　いまお話いただいたことでいうと、それこそ「なかいち」っていう場所も、せっかくああいう立派なものができたのに、次から次へテナントが入れ替わって正直うまく人が流れていない。だけどああいう場所にエンターテインメントが入っていくことで動く空気みたいなものがやっぱりあるんだろうなぁと。

山川　うん。ありますね。やっぱり、時代の変化がそういうことを求めてきているんでしょうね。

藤本　わらび座っていうものの使命じゃないですけど、愛媛の「坊っちゃん劇場」のこととか、町にあたらしい風を吹き込ませていく。そこにエンターテインメントの力を使っていく、そういうことが求められる時代になってきたっていうことなんですかね？

——坊ちゃん劇場…「地域文化の発信」をコンセプトに2006年にオープンした劇場。上演作品の制作、出演をわらび座が。ちなみに初代劇場支配人が山川さん。

山川　そうですね。だってやっぱり、豊かな時代ですよね。経済問題だなんだって言ったって。そんななかで、いつの時代でも、その時代に最も欠けているものに、若い人たちが一番敏感だって言われてますよね。

藤本　なるほど。

山川　要するに僕らの世代って、いまの若者はなんか意欲がないとか、若さがないな～って、つい言いがちだけど、そうではなくて、僕らのときは例えば貧しさから脱皮するなんていうことが非常に重要なテーマだったんで、車がほしいとかさ、本当にそういうことだったの。

藤本　はい、はい。

山川　車があったらデートもちゃんとうまくいくだろうな、みたいな（笑）。

一同　（笑）。

山川　いまの子たちは、僕らから言えば非常に恵まれた状況のなかで、何かが欠けている、何か飢餓感がある、何か内面で充実感がない、虚しい。そういうことだと思うんですよ。だからそういうところに刺激を与えていくってことは、重要な仕事じゃないですかね。

藤本　まさに。

山川　『のんびり』を読んでたらそういうのがよくわかるものね。そういう問題意識で取材をしているなという気がするんだよね。

藤本　そう言っていただけると光栄です。たまたま石川理紀之助を僕たちが特集したと思ったら、ちょうど理紀之助さんの舞台があり。

山川　ええ。

藤本　次は成田為三さんだ〜といったら「為三さん！」があるとか。偶然のリンクがあるなかで、今日もあらためて観たときに、いままさに山川さんがおっしゃった、いまを生きている若い人たちが求めているもの、渇望しているものっていうのは物質というより心のほうで、そういうものなんだよってことを「為三さん！」の舞台は言っているじゃないですか。

山川　そうそう。

藤本　そういう題材選びはどういうふうに決まっているんだろうと。

山川　一番はね、営業活動を担当する人たちは、社会の情報を最初にキャッチするアンテナの役割をしてるんですね。

一同　うんうん。

山川　でね、そこにプラスして、この作品を取り上げることによっていまの時代の何を突き破っていくんだろうかっていう、これが重要なんですよ。要するに今度の舞台だって、成田為三さんを表現することで、何かを突破しなきゃいけない。

藤本　なるほど。

山川　そういうことをみんなで議論していくなかで、3年分くらい作品のラインナップを作っとかんといかんねと。と同時に、大事なのはそれに見合ったマーケットを作らないといけないでしょ。いまね、わらび座が少なくとも60年、秋田の地で続いている。

藤本　60年！

山川　わらび座が東京にいたら空中分解した可能性はあるね。

1951年 東京でわらび座の前身が誕生。1953年 秋田県田沢湖町（現仙北市）に移転の際に「黄に紅に花は咲かねどわらびは根っ子を誇るもの」という精神をもとに、わらび座と名称を改めた。1971年には株式会社化。60年以上この地で活動を続ける。

一同　はぁ〜。

山川　根っこを持っている強さ。これは本当に、素晴らしいことだったんだね。

藤本　創始時のメンバーのかたは、こういう未来を想像してたんですかね？

山川　少なくとも問題意識の部分ははっきりしてたでしょうね。

藤本　問題意識とは？

山川　それはね、アクセサリーとしての文化ではなく、生活必需品としての歌や踊りを追究する。わらび座を創った原太郎は、日本は松の木に竹をついだようだと言ったんだよね。ヨーロッパの音楽、クラシック音楽にしても、そのベースになっているのは民衆の歌や踊り、生産活動から生みだされた歌

が基本的なベースになって、そういうのがよ~く吸収されて、国民音楽を作り上げている。でも日本はそういうことができていない。それをするのは、東京ではだめだよなぁという話で。

藤本　なるほど。

山川　で、やっぱり農民の人たちの歌や踊りに学ぶっていうのはとても重要なことなんですよ。秋田のなかでもここらへんは民族芸能の宝庫だから。わらび座に入るとね、「なぜ東北は民族芸能の宝庫なんですか?」という授業から始まるんだね。

一同　へ~。

山川　民族芸術研究所っていう優れものの研究機関がうちにはあってね。僕は九州の長崎の出身なんで「雪がたくさん降るっていうのは大変ですよね。冬の間、何もすることがないから歌でも歌わないと、寂しくてたまらないんじゃないですか」みたいなことを言うわけ。大概、みんなそういうことを言うんです。すると研究所の所員がね「部分としては間違っていないんだけど、大事な何かが欠けているんだよね」って言うわけ。そこからね、米作りの歴史の勉強に入っていく。

藤本　は~。

山川　かつて東北は米を作っていなかったんですよね。寒い日があり暑い日があり、雨が降らない日があり、日照りの日があり。そういういろんな気候条件に耐えられるように、いろんな種類のものを作りなさいっていうのが基本なんだよね。でも幕藩体制のときに東北は米作りをある意味強制させられてますよね。米を税金の対象として作らせる。だから、気候状況が悪いときには大変な餓死者が出た。そういうなかで農民たちが作った歌や踊りは、要するに余暇とか余裕でできてるとは言い難いんですよ。貧しくて飢え死にから解放されるために、豊作を願う歌や踊りが生まれた。

藤本　はい。

山川　毎年毎年、米がたくさん実るようなところだったら、お祝いの歌なんか歌う必要ない。雨が降らなければ天の神様にお祈りして「雨よ降ってくれ」って懸命に雨乞いの太鼓を叩くわけ。研究所の人はそういう歴史を語り、僕らにも調べさせたりしながら、最後にこういうまとめ方をしたんだよね。「貧しかったは貧しかったし、寒かったは寒かった。だけど、そういうなかで生きるということを最も考えたところほど、歌や踊りが多い」っていうんだよね。

一同　はぁ~~。

山川　すごいことを言うなと思ったね。生きるっていうことを真剣に考えたところほど歌や踊りが多い。そういうこ

とをベースにして、あたらしい日本の民族の芸術ができるといいねと。そのために農村に住もうと。多分、頭のなかだけで考えたんじゃだめなんだよね。だから、最初に9名の若者がここに来たときは、今日から泊めてくださいって農家の人に言うんだよね。僕らが若い頃にはそういうことを話してくれる先輩がたくさんいた。そのとき驚きはしたんだけど、何か、とても情熱を感じたというかね。

藤本 本当ですね。

山川 最初に持った家は、農家の人が提供してくれた材木小屋。そこから始まったから。

藤本 ふ〜〜ん。

山川 生存するっていうことだけで言えば、文化や芸術っていうのは意味のないものかもしれないけど、人間らしく生きようなんて言ったとたんにさ、必要になるよね。そういうことを考えていくために伝統的な深さのなかからそのDNAを学んでいこうというのが出発点であり、いまでもそれは変わらない。ただ、大事なことは「為三さん!」なんかもね、そういう努力のもと、伝統をとても大事にしているんだけど、伝統一般が大事だとは思っていないんです。保存会の人がやればいいし。それはとても大事な仕事なんですよ。だけど僕らがやらなきゃいけないのは、伝統一般よりも、いまを生きることであり、未来を生きることだから。だから「生きる」ということを励ます舞台創造をするうえで、伝統の何が役に立つのかっていうのは、眼力が要るね。

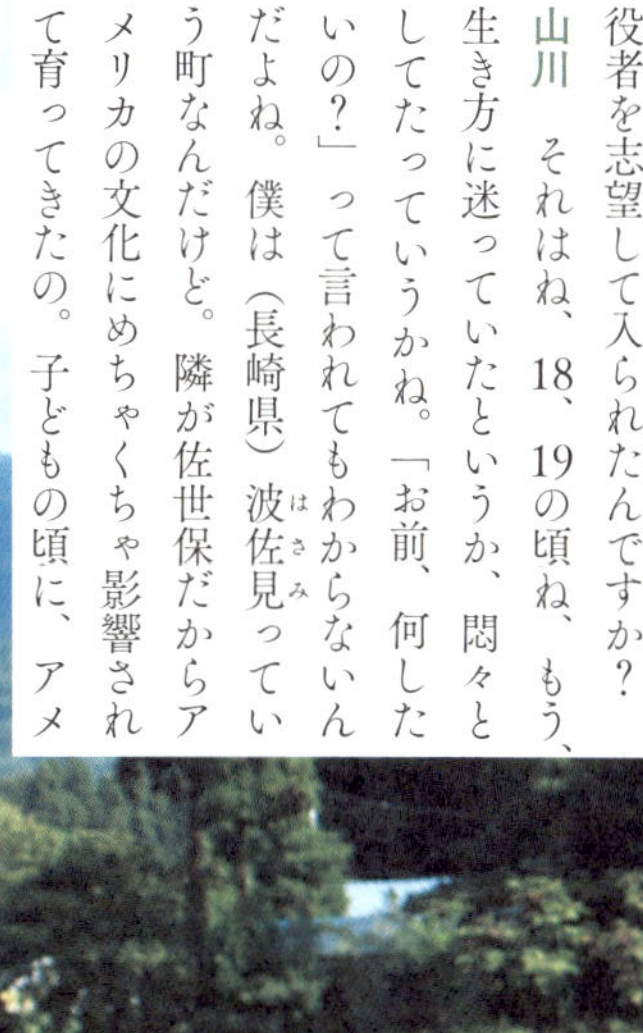

藤本 うん。そうですね。

山川 それは、いまの時代を深く誠実に生きようと思わないと見れないんだね。見抜けない。それは『のんびり』の仕事でも一番大事にしているセンスですよね。大切なことはね「何がいま大事なんだろうね」っていうことを討論できる馬鹿たちなんだよね。

藤本 たしかに。眼力とか嗅覚とかで感じているものって、この人が未来のことを考えているんだろうか?っていうもはやその一点かもしれない。やっぱりわらび座って、未来をどうしていくか? ってことを考えている。

山川 ええ。

藤本 そもそも山川さんはわらび座に、役者を志望して入られたんですか?

山川 それはね、18、19の頃ね、もう、生き方に迷っていたというか、悶々としてたっていうかね。「お前、何したいの?」って言われてもわからないんだよね。僕は(長崎県)波佐見っていう町なんだけど。隣が佐世保だからアメリカの文化にめちゃくちゃ影響されて育ってきたの。子どもの頃に、アメ

リカ人に生まれたかったな〜と思ったもんね。豊かさに圧倒されてたから。だって、着ているものが違う、なめているアイスクリームが違うんだもん。

一同 う〜ん。

山川 アメリカンスクールに通っている女の子なんかね、めちゃくちゃきれいで。ハーフの子なんかも日本語喋れるんだろうかと思うような顔つきしているんだよ。それが「よかと?」なんか喋っていると、もう。

一同 ははは。

山川 それで、ある人が、わらび座を観に行ったらおもしろいよ〜って勧めてくれたんだけど、当時は完全に民族芸能だったんだわ。チラシを見たら、

一同 うん。

山川 どっちかというと、そういうところから離れたいと思っていたというか、興味がないわけだから、何回か断るんだけどさ。そのうちさ、何かをこの人は伝えようとしているんだなってわかるわけだよね。それでね、観たの。で、……泣いたね〜。

藤本 う〜ん。

山川 輝いているんだもん、人間が。キラッキラ光っているんだわ。ああ、この人たちと生きたら、人生の意味がわかるかな〜と思ったな。そのまま、宿についていった。

一同 へぇ〜。

矢吹 どんなことがステージでは?

山川 民族舞踊だから、あのときは白鷺の舞とかだね。鬼剣舞（おにけんばい）もあった。八木節（やぎぶし）から始まって、越中（えっちゅう）おわら節があった。……素敵な人たちだなぁと思ったね。

一同 う〜ん。

山川 だから役者になろうなんて思ってもみなかった。この人たちと生きたら人生の意味がわかるかなぁと。だから僕は、わらび座の仕事をしていて思うのはね、つまずいたり悩んだりしているとき、舞台芸術の力で、僕は救われたんだね。ああ、こういう人たちを救うためにこの仕事はあるんだなって身体でわかった。だから頑張れているんだろうなあって思う。舞台芸術だとか、文化や芸術って言葉は使うことによって、とてもハイカラでインテリジェンスな感じがするけど、結局秋田にわらび座が入り、農村の人たちがこういうことを生きる糧にしてきたっていうことは、僕の体験したようなことの何十倍もすごい歴史を生きてきたからじゃないかなぁと。

藤本 舞台ってそういうものなんですね。

山川 そうだね。それともう一つはね、生活必需品としての歌や踊りっていうのは、舞台芸術を鑑賞するっていう範囲にとどめておいてはだめなんだわ。実はわらび座っていうのは、歌や踊り、民族芸能や太鼓、笛なんかは得意だったから、本当に素晴らしい舞台だったのね。ところが、お芝居はすごい下手くそだったの。

一同 へぇ〜。

山川 30年くらいかけてね、ようやくいまでは東京でもいないような役者が出てきましたねって言われるようになってきたんだけど。寺尾聰（あきら）さんのお父さんの宇野重吉（じゅうきち）さんって役者と、わらび座を創った原太郎はすっごい仲がよかったのね。

一同 へぇ〜。

山川 それで宇野さんがね、わらび座の連中にお芝居の訓練をしたの。原太郎が頼んだんだろうね。練習場に誰か役者をよこしてくれないかって。そのときに、米倉斉加年（まさかね）っていう人が来たのよ。僕らが若い頃、30年くらい前だよね。それでね、民話の練習をしてね。稽古場に役者80人くらい集められて総括が

始まるの。まとめの会。そこで40歳くらいの役者に向かってね、「君の演技、とてもよかったですよ」と褒めたのよ、一言。言ったんだけど、すぐね「いま、僕は本当のことを言ったと思いますか？」って言うわけですよ。

一同　えぇ～!!

藤本　おそろしい（笑）。

山川　もうみんなね、凍り付いた（笑）。それでね、「言葉っていうのは、嘘をつくんですよ」って言ったね。だけど人間っていうのは、嘘をついているときの目、呼吸とかにもどっかに嘘があってね、裏切れないようにできているって言うんだよね。人間の生理は。あなたの演技は、そういう人間の生理をよく理解しないままやっている、カタチだけなんだと。上っ面、カタチだけをやっているんですよって一生懸命言っているわけだよね。世の中の人は役者っていうのを、大きな声が出せて、口角が上がって、そういう訓練をしていると思っている。要するに、喋るために必要な訓練をしているのが役者だと思われているんですよと。だけど、私が先生から言われて、いまでも一番大事にしていることは、喋ることよりも聴く力が数倍もすごいことですと。聴けなきゃだめなんですと。でね、米倉さんは「相手がセリフに込めた思いを聴き取れるかどうか、相手が嘘を

ついていても、その嘘のからくりを見破れ」と言ったね。

一同　う～ん。

山川　こういう話をしたら、ある公認会計士の先生が、「山川さん、演劇訓練を使って社員教育のプログラムってできないですか？」って。

一同　う～ん。

山川　17時間分作ったよ。

一同　へぇ～～～！

藤本　のんびりチームも受けたほうがいいかもな～。

山川　演劇手法ってめちゃくちゃチカラがある。

藤本　おもしろいな～。

山川　だから、みなさんのように、志を持っている人とこれからパートナーシップをとってね。あたらしい秋田をさぁ作るぞ！　って思ってるんです。

藤本　うんうん。

山川　人口は減っていく。

藤本　うん。

山川　でも構いません。

藤本　うん！

山川　一人でも輝く人間を作っていけば、そこに人が集まるはずです。

藤本　う～ん！　いや～、ありがとうございます！　ほんと楽しかったです。

山川　こちらこそ。

一同　ありがとうございました！

第3章 民族芸能を体感する。

のんびり中学

鈴木裕樹くんと山川社長のお話に、いまを生きるチカラのようなものをいただいた気持ちになった僕たちは、あきらかに気持ちが高揚していました。そんな僕たちが次に向かったのは、第一稽古場と呼ばれる建物でした。実は、今回の取材にあたってあらかじめお願いしていたことの一つに、鈴木くんの話にも出ていた修学旅行生のための踊り教室があります。中学生たちがニューソーラン節を教わり、最後にその発表会をするという一連のメニューを、のんびりチームもチャレンジしたいと、広報の管野さんにお願いをしていたのです。年季の入った趣ある稽古場に足を踏み入れると、今回先生をしてくれるかわいらしい女性が一人。みーちゃん、こと、川井田(かわいだ)南さんが待っていました。

「のんびり中学校のみなさんこんにちは!」「……こんにちはー!」突然ののんびり中学という設定をわずか数秒で飲み込むのんびりチーム。「今日は一緒に楽しくニューソーラン節を踊りたいと思います。私は今日、みんなのインストラクターを務める川井田南、みーちゃんと呼んでください!」すっかりスイッチを入れ替えたのんびりメンバーはもちろん元気に「はーい!」。そこからみっちり40分、20~40歳代で構成された、えせ中学生たちのニューソーラン節特訓がスタートします。あまりに身体が言うことを聞かないものだから、それがもうおかしくて、余計に楽しくなるのんびりチーム。汗だくになりながらもなんとか笑顔と大声をキープして、みーちゃんに食らい付きます。そうしてひと通りニューソーラン節を踊り切ったところで、広報の管野さんが再び登場。間髪入れずに、僕たちのうろ覚えニューソーラン節発表会が始まりました。

https://www.youtube.com/watch?v=BTSaYMrKpN8

(そんな僕たちのグダグダニューソーラン節を見てみたいという希有なかたは上記URLで。)

いつのまにやら、勢いでごまかすことだけは得意になっているのんびりチーム。なんとかかんとか最後まで踊り切ったところで、優しさ以外の何ものでもない管野さんの拍手をいただいて無事ニューソーラン節体験終了。さすがにみんなヘトヘトに(笑)。

田沢湖ビール!

しかし、取材初日にして、鈴木くんと山川さんに最高なお話を聞けて、テンションがあがった僕たちはこんなことではへこたれません。しかも今日の宿泊は敷地内にある温泉ゆぽぽのホテル棟! 早速チェックインを済ませて、みんな大好き、温泉へまっしぐら。しっかり汗を流したあとは、もちろん腹ごしらえという完璧コース。温泉ゆぽぽの食事処「ばっきゃ」へ移動し、今日は最高にビールがうめえぞ~と思っていたら、なみなみとビールが注がれた大きなピッチャーがドーン! え? まだ誰も頼んでないよね? と戸惑っていると、店員さんが「社長の山川からの差し入れです」うわぁ~~~~っ!!! 昼間は取材中だからと、さすがに我慢していた田沢湖ビール。ただでさえあがり気味なテンションはさらにMAX! 遠慮なくいただき、みんなで乾杯―――っ!

初日にして打ち上げのような空気ながら、忘れちゃいけない明日からのスケジュール。しかも明朝は表紙撮影という大仕事が待っています。お客さんを巻き込んでの撮影のため、ちょいと真剣に段取りを再確認。その上で、撮影後の予定についてみんなでアイデアを出し合います。しかし、よい取材のときはみんなの気持ちが自然と一つになるもので、意外にもすんなり決まる明日の予定。とはいえ、ここから広報の菅野さんを通して相談してもらわなければいけないゆえに、現実にその通り動けるかは別として、希望は二つ。まずは、山川さんのお話で気になっていた民族芸術研究所を見せてもらうこと。これに関してはなんとかなりそうな気がしたのですが、もう一つが難題。それは、鈴木裕樹くんに演劇のワークショップをしてもらうということでした。こればっかりは鈴木くんの都合と気持ちの問題のため、明朝の表紙撮影後に直談判してみるしかありません。ということでいまは考えても仕方がない！　と、再び温泉へGO！

9月28日

朝10時。表紙撮影に参加いただけるみなさんと一緒に、僕にとっては3回目の「為三さん！」観劇。そして終演後そのまま表紙撮影を行います。協力してくれた小学校の子どもたちも頑張ってくれて、予定どおり13時半には撮影終了。舞台から撮影までしっかりお付き合いいただいた役者のみなさんも「お疲れ様でした～」とそれぞれ帰ろうとするなか、僕は大慌てで鈴木くんに声をかけます。

藤本　鈴木くん、ごめんなさい！　ちょっと相談したいことが。
鈴木　はい、なんでしょう。
藤本　鈴木くんが学校に講演に行ったりするっていうのは、話すだけじゃなくてワークショップをやることもあるんだよね？
鈴木　ありますね。
藤本　昨日、僕たち、山川さんに演劇の手法を活かした研修プログラムの話を聞いたりして、自分たちもそういう演劇のワークショップを体験してみたいなあと思ったんです。でね、そういうのをやってもらえないかなと思って……。それこそ今日とか……。
鈴木　今日、大丈夫ですよ。
藤本　ええ!?　鈴木くんやってくれるんですか？
鈴木　はい。僕が。時間ありますので。
藤本　やったあ！
鈴木　でも何をやるかですね～。
藤本　ちょっと考えてもらって。時間と場所はどうするといいかなあ？
鈴木　場所は空いてる稽古場を使いましょう。時間は……16時くらいからなら。僕も、やるとなったら準備が必要なので。
一同　おお～～!!
藤本　やった！
鈴木　いやぁ～そうですか。楽しみですね。
一同　怖～～い！（笑）。
藤本　わるい顔してる（笑）。
鈴木　こういうの大好きなんですよ。
一同　（笑）。

なんだかこちらで持ちかけたものの、あまりに簡単に引き受けてくれるものだから、なんだか少し怖くなってきました（笑）。とはいえ約束を取り付けられたことでひと安心した僕たちは、さっと昼食を済ませ、民族芸術研究所へと向かいます。朝一番に広報の管野さんが手配してくださり、研究所所長の小田島清朗さんというかたにお話を伺えることに。そしてこの小田島さんの取材から、僕たちはまた一つ、わらび座の深淵に触れることとなります。

小田島清朗さん

65歳

小田島さん（以下敬称略） ここは民族芸術研究所と言いまして、できて46年ぐらいになります。わらび座って64年前に東京で生まれて。それでわざわざ秋田にやってきたんですけども。それはなぜかといいますと、東北には民族芸能が豊富にあると。そういうのを芸術の素材にして世界に発信できるようなものにしていきたいという、壮大な理想を持ってやってきたんです。それで、実際に来てみたら予想以上にいっぱいあるし、しかも質がとても高いわけですね。

藤本 へー。

小田島 この近辺のおじさん、おばさんたちが、ちょっと一杯飲むと、ほんとに手踊りやったり、お囃子やったり。もう70、80になってもとても色っぽい踊りを踊ったりとか。

一同 へぇ〜〜。

小田島 その他、神楽だとか獅子踊りとか、いろいろと芸能もやるわけですね。で、そういう人たちから教わっては舞台に上げる。ただ、どうしても現地のものをそのまま舞台にのせるってわけにはいかないところも出てくるわけですね。というのは神楽だと一演目で30分ぐらい踊ったりするわけです。するとお客さんが飽きちゃう。なので舞台用に再構成すると。

藤本 は〜〜！

小田島 でも、そのときにいいとこだけ、つまみ食いのようにして構成するのはまずいだろうと。どういう人たちがどういう気持ちを込めて歌って踊ってきたのか。そこをできるだけ探っていかなくちゃいけないと。地域の歴史やら、民族的な物の考え方から、その芸能の勘所といいますか、何が一番のテーマになってるのかを。

藤本 なるほど。

小田島 そういったことをしっかり調べて研究していくには、専門的な部署が必要だろうということで、準備期間を経て、47年前に民族芸術研究所という部署ができまして。で、文献資料をできるだけ集めると。しかも芸術、民族芸能、民謡だけでなくて、音楽、舞踊、演劇それから歴史関係ですとか、そういったものも収めていく。それから芸能の記録ですね。カセットテープですとか、ビデオが出る前は白黒の8ミリのフィルムなんかも。

藤本 へぇーー。

小田島 高度経済成長の時代、1960年代後半から70年代にかけては若い人たちがどんどん都会に行っちゃって。それまでお祭りのときとかにいろいろと芸能をやってたのが潰れちゃう。やれる人がいない、ということがあちこちで起こって。これはもう、生命線に関わるということで。チカラを入れて、収録、記録したみたいです。

藤本 へ〜〜。

小田島 そういった、映像と音声の資料ですとか。あとはそういったものを元にしながらさまざまな研究を行っていくということで。それで、いまから10数年前ですね。日本の歌や踊りってのがなかなか興行的に難しくなってきちゃって、このままでは倒産しちゃうぞと。それでミュージカルの路線に切り替えていったわけです。ただもちろん

「為三さん！」でも少し出てきますけど、例えば、一昨年までやってた「おもひでぽろぽろ」なんかには、山形の獅子踊りとか入れて、できるだけ、そういう地域の匂い、当時の人たちの気持ちがわかるような地域の歌だったり芸能の素材を提供すると。振り付けの人たちがその作品を参考にしながら作品に合うような創作をしていくわけです。

藤本　なるほど～。

小田島　このあたりが美術で、このへんが音楽……。あんまり読む人はいないんですけど、ベートーベンの研究とか。中心になった原太郎って人が作曲家だったもんですから、戦前からのクラシック畑の人だったんですね。

藤本　そうなんですね。

小田島　日本の民謡をそのままやるっていうんじゃなくて、西洋のクラシックの技法を駆使しながら鍛え上げていく、ということで。ですから、歌も、オペラのアリアなんかも役者さんたちは勉強して、舞台にのぞんでいくと。

藤本　へぇ～。

小田島　ミュージカルになってからじゃなくて、民謡時代から、そういうレッスンはやってたわけです。

一同　はあーー。

藤本　小田島さんはこちらに来られて何年になるんですか？

小田島　43年ぐらいですかね。最初は研究生を1年やりまして、あまり役者さんは向かないなと、ハッキリわかって。どうしようかなと思ったときに声がかかって。

藤本　そもそも入ったのはどういう動機で？

小田島　それはもう、わらび座の公演を観て感動して。

藤本　へぇ～～～。

小田島　とにかく自分の1回きりの人生を充実したものにしたいと。

藤本　おいくつのときですか？

小田島　21、22のときです。

藤本　どこで観たんですか？

小田島　それは盛岡で。あと、こちらにも来て。

一同　へぇ～。

小田島　目の前で鬼剣舞を踊られて、それでもう熱いものがゴー！っと身体に伝わってきて。

藤本　へー!!　そうかーー。

小田島　そんなに感動することがなかったっていうぐらいの感動で。

藤本　あ～～～。

小田島　あ、どうぞこちらのほうに。

一同　うわー。

小田島　ビデオですね。昭和20年代のはじめぐらいからこういうものが。お祭りですとか民族伝承館に行っては撮影をして。

藤本　これはすごい。

小田島　当時のスタッフが全国を駆け巡って。例えばこの栂尾神楽ってありますけど、これはどこの神楽かといいますと九州の宮崎県の椎葉村の、宮崎県のなかでもずーっと山奥のところのものを。ここ秋田からジープで重たい機材を積んで、ずーっと走っていって。2、3日はずっと収録して。

藤本　はぁーーー。

小田島　新潟県とか沖縄県とか。全国的に目ぼしいものを。足で、自前で行って収録してくるという。

藤本　すごい！

小田島　このほかに最近のデジタルビデオのもあります。あと、こちらはですね、民謡のカセットテープなんですね。

藤本　へぇ〜!!

小田島　これはですね。ここの研究所が独自に行って、収録したものではなくって、いまから30年ほど前に、文化庁が民謡緊急調査っていうことで。生活のいろんな場で歌われてた歌をまだ生きてる間に収録しないと、もうあとの祭りになっちゃうということで。各県の教育委員会に助成金を出して、ふつうの人たちのいろんな歌を調査記録をさせたんですね。それで、文化庁には全国のが集まってるわけですけど、文化庁は非公開で内部の活用にだけしか使わないと。私が行っても聴かせないと。そういうサービスはしないと。

藤本　なるほど、なるほど。

小田島　ということで個別に各県の教育委員会にお願いして。

藤本　それぞれに電話して!?

小田島　これこれでぜひうつさせてもらいたいと。勝手には使いませんと。研究者やら、民謡を歌いたい人にしか聴かせませんと一筆を。条件のもとに複製の許可が出て。それで例えばこの福岡県だったらば、福岡市に行って。県庁の近くの旅館かビジネスホテルに籠って、2台か3台のデッキでガーっとダビングして帰ってくる。

一同　へぇ〜〜！

小田島　県によってはなかなかOKが出ない。だめだというようなところもあったりとか。随分苦労もしたんですけども。ない県もありますが40数県分があって、しかもこのままですと磁気テープですから劣化しちゃうんで。それを全部デジタル化しまして。文字も全部入力して。文字をクリックすれば、すぐに曲が聴けるというシステム化をして。

藤本　デジタル化されてるんですね。

小田島　やりました。

藤本　はあ〜。

小田島　だからこれを聴きたいという人はここに来ないと聴けないという。ですから、これは本当に日本の宝だと思います。

一同　すごーい！

民族芸術研究所。僕たちの想像を遥かに超えていました。

第4章 奇跡の夜

演劇ワークショップ

民族芸術研究所、その存在の偉大さに卒倒しそうなくらい感動したのんびりチームですが、気づけば約束の16時。慌てて劇場前へと向かいます。先ほどとは違い、ラフな稽古着で現れた鈴木くんになんだかドキドキしつつ、案内されるまま稽古場へ。その途中、鈴木くん演じる為三を「タメコ！　タメコ！」とかわいがる姿が印象的な、為三の母ミツ役の古関梓紀（こせきあずき）さんと、為三の義理の姉イネ役の工藤純子さんも合流してくれました。さあ、どうなることやら！

一同　よろしくお願いします！

鈴木　そもそも僕の取り組み方として、まずはやってみる。話がきたらまず「やります」と言って、それからいろいろ考えて、ガチンコで生まれるものを楽しんだり、出会いそのものを楽しみたいなと思っているんです。なのでお話をいただいてから、何をやろうか考えたんですが、とにかく今日は僕のペースで進めさせていただきたいなと思います。

一同　おおーーー!!!

鈴木　この間、「子どもに指導してください」って言われて小学校に行ってきて。でも直前まで座って授業を受けてた子たちが、体育館に連れて来られて「前に稽古したところまでやってみよう」って言っても無理なんですよ。運動と一緒で、芝居もウォーミングアップが必要で。まずは顔とか心が大事だと思うんですね。なので、小学校でやったウォーミングアップをそのままやります。まずは、顔を不規則に目一杯動かしてみてください。

顔芸の神

といった感じでスタートした鈴木裕樹の演劇ワークショップ。言われるがままにウォーミングアップをするのんびりチーム。互いの顔を見ては笑い合うなか、曲に合わせて顔を自由に動かすという顔だけダンスなるメニューに突入したところで、鈴木くんの高校の2年先輩、われらがのんびりデザイナー澁谷の顔芸が爆発。テンポのある曲から、スローな為三さんの名曲『浜辺の歌』まで、澁谷の顔に神降臨。それを見てみんな大爆笑。一気にみんながリラックスします。上手下手ではなくて、とにかくやることが大切という鈴木くんの精神が一気に伝わるようです。さらに、古関さんと工藤さんも合流して、さまざまなゲームへと発展。わらび座チームを負かすようものなら「役者を倒したぞー！」と大盛り上がりする、ほんと単純なのんびりチーム。しかしいつのまにか、全員どんどん声が出ていることに気づきます。そうやってさまざまなゲームを楽しんだあと、ここぞとばかりに鈴木くんが取り出したのは、なんと「為三さん！」の台本のコピーでした。

奇跡のペア

鈴木　「為三さん！」の1幕で、為三さんが文子さんにプロポーズするところをペアになってやってみませんか？

一同　えーーー!!!

「為三さん！」を観ている僕たちにとって、そのシーンがいかに大事な場面かを知っているだけに、いきなりの展開におののくのんびりチーム。言われるがままにくじを引き、その結果、絶妙な5組ができ上がりました。基本設定はあまり気にしない。自分たちの思うとおりにやってみる。多少台本を書き換えてもOK。但し稽古時間はわずか15分。そんなルールのもと、早速取り組む各ペア。しかし15分はあっという間。すぐに発表の時間です。

自由な演技

『浜辺の歌』を筆頭に、数々の名曲を作曲した成田為三ですが、彼の本質はドイツ留学で学んだ「対位法(たいいほう)」という作曲技法にあります。高音のパートと低音のパートどちらかが主となる関係でなく、例えば輪唱曲のようにどちらのパートも主でありながら、二つのメロディーが調和し、一つの素晴らしい楽曲となる。成田為三が最も大切にしたその楽曲法になぞらえて一生の伴侶にプロポーズをするというとてもとても大切なシーン。な、の、に、カメラマン鍵岡演じる日本人らしからぬ為三に、淡々とした話し方がやけにホラーな服部文子。坊主の田宮為三に髭の陽馬文子など。せっかくのいいシーンが、もう個性溢れすぎてお腹が痛い痛い(笑)。例えば……

文子　・・いまの、プロポーズですか。
為三　はい・・僕と、調和してくれますか。
文子　では、私からも一つ質問します。
為三　なんだすべ。どうぞ。
文子　お酒、やめてくださいますか。
為三　え・・

ドイツ留学中、精神的な辛さからお酒に溺れてしまった為三に、結婚の条件としてお酒をやめることを迫る文子。そんな名シーンも。

澁谷(文子)　・・いまの、プロポーズですか。
浅田(為三)　はい・・僕と、調和してくれますか。
澁谷(文子)　では、私からも一つ質問します。
浅田(為三)　なんですか。どうぞ。
澁谷(文子)　タバコ、やめてくださいますか。
浅田(為三)　え〜〜!!!

ヘビースモーカーな浅田くんにタバコをやめろというもはや虚実入り交じったシーンにチェンジ! 浅田くんのリアルすぎる「え〜〜!!!」が、いまだに忘れられません(笑)。

ワークショップ終了

鈴木　これでメニューは終わりです。

一同　ありがとうございました！（拍手）

鈴木　こちらは何をしたっていうわけでもなく。

古関さん（以下敬称略）　湯水のように湧き出てきた（笑）。

鈴木　僕は影響を受けやすいんで、明後日からの「為三さん！」に……。

古関　ほんとに!?　やばい〜!!

鈴木　ほんと演劇って、こんなふうに楽しくやってるのをお客さんが観れば楽しいものなんですね。自分たちが楽しいですから。これが原点なんだなってあらためて思いました。つい演出家の人にいろいろ言われて小さくなっていくんですけど。僕たちも今日これを観て、自分たちの演技にも自由さを取り戻せたらと思います。ありがとうございました。

一同　ありがとうございました！

鈴木　それで、実はこのあとなんですけど、僕たちの班のほとんどが関わっている、東京から来ている中学生たちの学習旅行の最終日の夜ということで、お別れ感謝の会っていうのをやっていて19時からなんですけども。中学生と、うちのインストラクターと、農家体験を引き受けてくれた地元のお父さんお母さんたちが集まるんです。そちらよければ、見ていかれませんか？

藤本　見たい！

鈴木　ここの中学生たちとは30年以上続いていて、わらび座の大事な仕事の一つで、1年に1回しかないので。

一同　おお〜〜！　ありがとうございます！

和光中

鈴木くんたちの計らいで、偶然にも和光中学校のお別れ感謝の会を見学できることになった僕たち。ひとまずホテルのロビーで休憩しつつ取材の準備を整えます。実は『のんびり』が始まった最初の2年間共に取材を続けていた写真家の広川智基くんが、和光中学出身で、そういえばわらび座での体験について聞かせてくれていたことを思い出しました。19時になり、訪れた第一稽古場。初日に僕たちがニューソーラン節を踊った場所。しかしあのときとは違って、そこはたくさんの人で溢れていました。お邪魔しないように扉の外からそっとその光景を眺めることにします。

お別れ感謝の会

「みんなの5日間の成長を支えてくれたのは、わらび座や農家のみなさんです。本当にありがとうございます」和光中の校長先生の、そんな言葉から始まったお別れ感謝の会。最初に、インストラクターを務めたわらび座を代表して、役者の遠藤浩子さんと、高田綾さんが盆舞を踊ってくれました。その美しくも凛々しい姿に僕は冒頭から大感激してしまいます。遠藤さんは、為三の奥さんの文子役。高田綾さんは物語のキーとなるおまつ役。そんな二人が「為三さん！」とは全く違った姿を見せてくれたことに、僕はわらび座のまさに根っこを見せつけられたような気がしました。その後、中学生たちがそれぞれに語る、受け入れ農家のみな

さんの紹介とお礼の言葉。思わず感極まって泣き出す子どもたちの姿に、偶然にも今日という日のこの時間を共有できた幸福を僕たちは噛みしめていました。

涙の夜

生徒有志によるニューソーラン節をはじめとした出し物や、農家さんの出し物などを経て、今回の秋田学習旅行の実行委員長という男の子が挨拶をします。「秋田に行ったら変わると言われてきた。実際に来てみるとそのとおりで、失敗をしても批判することなくみんなで笑えるようになった。帰ってからも自分に自信が持てていたら最高の旅行だと思う。だから最高の旅行にしましょう」そんな彼の言葉から、この5日間が彼らを大きく変えたであろうことが伝わってきます。

その後も代表の子たちが順番に読みあげる作文は、本当に素晴らしいものでした。トマトが嫌いだった自分が農作業を経て食べたトマトを美味しく感じたこと。ふるさとが3つくらいあってもいいという先生の言葉に、何を言ってるんだろう？　と思っていたけど、いまはまたここに帰ってきたいと思っていること。ふるさとは東京だけ

じゃないんだと思ったこと。秋田弁がわからなくて戸惑いもあったけど、お母さん、おばあちゃんの優しさに触れて言葉を超えたこと。休憩しても一人作業を続け、誰よりも栗を拾っていた農家のお母さんの背中に母の偉大さを感じたこと。そうやって拾った栗で作ってくれた栗ごはんに幸せを感じたこと。働くということはそんな幸せを味わうためにあるのだと思ったこと。自分も誰かのために手を差し伸べられるような強く優しく誇り高い人になりたいと思ったこと。これら彼らの言葉には微塵の飾りもなく、それら全てが胸の内から溢れ出てくるもので、彼らが涙を流し言葉をつまらせながら懸命に語る一言一言に、僕はもう胸がいっぱいでした。最後に彼らが歌った合唱『遥か』を聴きながら、僕はもう涙が溢れ出て仕方ありませんでした。ここで、最後に挨拶をされた学年主任の先生の言葉を紹介させてもらおうと思います。

みなさんの合唱を聴いて、言葉を聞いて、感動しました。学校とは違う笑顔、表情、いままで見たことのないような顔つきを目の当たりにしたからです。自分を変えるということは本当に難しいことです。秋田を語るとき、「北風と太陽」を思い出します。太陽

は、ゆっくりとあたたかく照らして、旅人は自らコートを脱いでいきます。思春期の子どもたちが変わるのはそういうことじゃないかと思います。この世の中は北風ばかりです。圧力や管理のなかで人間を変えようとする動きがあります。秋田のみなさんの本当の優しさ、太陽のようなあたたかさで、自分のからを破っていけたんじゃないかと感じます。本当の優しさが人を変えていくと、あらためて感じることができました。働くということについても話をしました。傍の人を楽にする。それが「はたらく」の語源だと言われています。働くということは周りを幸せにしていく。気持ちよく、楽にしていくことだ。それをこの秋田の地で学んだということを忘れないようにしてほしいと思います。農家のみなさん、生徒がお世話になりました。いま農業はいろいろな難しい問題があります。農家のみなさんの思い、心を掴み取って、賢く消費して、手を結び合う関係をずっと築いていきたいと思います。ここをあたらしい自分作りの出発点として、あらたな自分を作ってここに帰ってきたとき、秋田のみなさんは喜んでくれると思うんです。「ありがとう」という言葉以上に、行動で見せられたらと思います。農家のみなさん、わらび座のみなさん、ありがとうございました。

泣きじゃくる子どもたちと、その背中に手をやる農家のみなさんの姿に、僕はもう涙を我慢するのをやめました。

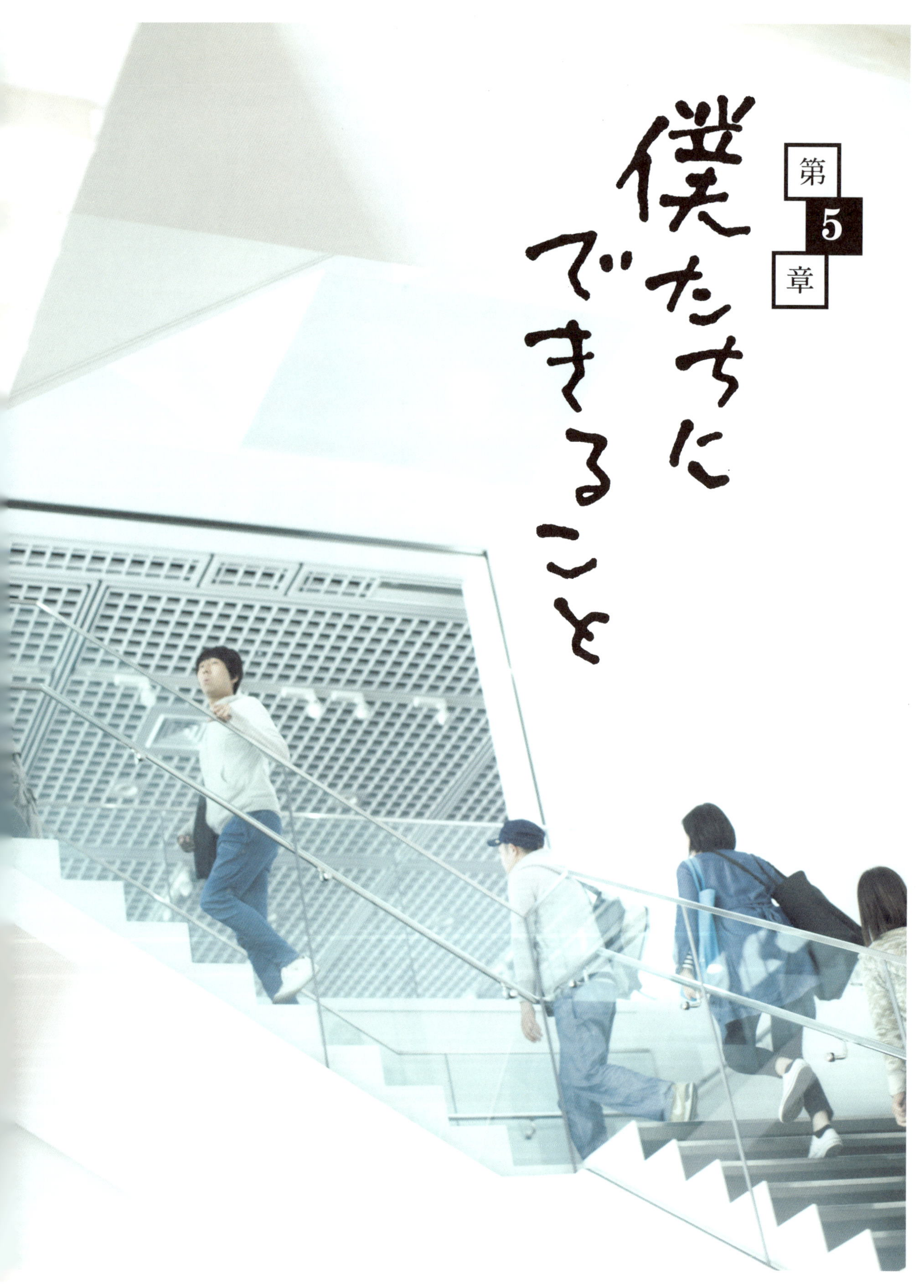

第5章 僕たちにできること

9月29日

涙の夜から一夜明けた朝、秋田市にある秋田県立美術館前に集合した僕たちは、ちょうど展示真っ最中だった、池田修三展（『のんびり』特集をきっかけにブレイクした、いまは亡き秋田出身の木版画家）を観た流れで、お客さんが飲食代の代わりに修三さんの作品を置いて帰ったという近くの喫茶店「葡蘭馳」で少し早めのランチ&ミーティング。今日はお昼から美術館のある「エリアなかいち」という場所で上演されるわらび座の舞台「政吉とフジタ」を観劇することになっていました。

ただわこ芸術村での濃密な2日間のなかで、わらび座の根っこを少しずつ掘り、見ては再び土をかけるような、ありがたくもそんな体験をさせてもらった僕たちは、わらび座のみなさんにいったい何が返せるだろう？　そんなことばかり考えていました。もちろん一番の恩返しは最高の誌面を作ることではありつつも、取材最終日の明日、何か直接お礼を伝えるよい方法がないだろうか？　しかしその明確な答えは見つからないまま「政吉とフジタ」観劇の時間が迫ります。

「政吉とフジタ」

なかいちに到着。普段はちょっとした講演ホールのようなスペースゆえ、本拠地わらび劇場に比べると小さな簡易劇場ですが、こういった小劇場公演もわらび座の大切な側面です。連日お世話になりっぱなしの、広報の管野さんにご挨拶して、早速観劇させていただくことに。藤田嗣治とそのパトロンだった平野政吉。二人の出会いが生み出したフジタの大作「秋田の行事」を巡る物語を、たった4人の役者さんが力強く進めていきます。「為三さん！」とはまた違った種類の舞台にその振り幅の大きさを見つつ、主役の平野政吉を演じるわらび座のベテラン役者、安達和平さんにお話を伺います。

安達和平さん　60歳

藤本　大所帯ですみません。

安達さん（以下敬称略）　僕らより多い（笑）。僕ら、スタッフ入れても7人です。

藤本　本当ですか？

安達　出演者は4人。あれ以上一人もいないんですからね。

藤本　4人であの舞台をっていうのが本当にすごいですよね。

安達　わらび劇場の3分の1ですからね。3倍のいろいろなものがかかってくる。苦にはならないですけどね。いつもこの人数でやってるんですか？

藤本　そうなんですよ。

安達　すごいね〜。でもいいですね、みんなでやると。思いが一つになって。

藤本　そうなんです。昨日も、田沢湖のほうに行かせていただいて、わらび座のみなさんこそチームプレイというか。

安達　そうですね。いわゆる公演ごと

にグループがあって。僕らは「政吉とフジタ」班だし、「為三さん！」のほうもチームが。1年の間に多少入れ替えがあったりもするんですけど、僕らはもう12月まで突っ走るという。替えもいないから、這ってでもやらなくちゃいけない（笑）。

藤本 凄いパワフルだな～。

安達 わらび劇場は十何人かで、セットもすごいし。ダンスなんかも大勢でやって迫力もあるし。僕らはそれがないので。ただ、そういう意味でいうと、近いんです。

矢吹 私たちもかぶりつきで（笑）。

安達 そういうよさがある。だから子どもたちなんかも、すごい集中力で観てくれるんですよね。

藤本 そうですよね。実は僕、和平さんのプロフィールを見て気になってたことがあって、「わらび座生まれ、わらび座育ち」って書いてあるじゃないですか。

安達 簡単な話なんです。親父とお袋がわらび座にいたという。

一同 はあ～！

藤本 じゃあ本当に初期の、東京から秋田に来られたときのメンバーということですか？

安達 お袋はそうなんです。親父はちょっと遅れて来たみたいですけど。

藤本 なるほど～。

安達 そうやって次々入って、結婚して子どもが生まれて。だから2世代目みたいな。僕は一番最初にわらび座で生まれた子ども。

藤本 じゃあ住まい自体があの村の中にあるってことですか？

安達 そうは言っても、いまは角館町とか……。昔は座でやってる食堂があって、そこでみんなで文字どおり同じ釜の飯を。でもいまはいろいろ、ね、フリーダムだから。あの頃は金もなかったから、とにかくみんなで一緒にやるしかなかった。いまは生活形態変わってきてますから。それはそれでいいことだと思いますけどね。

藤本 そもそも、わらび座で生まれてそのままわらび座に、っていうことに対して違和感はなかったんですか？

安達 僕は入るつもりは全くなかったですよ。

一同 へぇ～。

安達 芝居が好きでね。でもその頃わらび座って、民族歌舞って歌とか踊りとかが中心だったんですよ。だからいる必要ないなって（笑）。まあお芝居もやってはいたんですけどね。本格的にやりだしたのはミュージカルが始まってからで。でも踊りをやったおかげでいろんなことが身について。ミュージカルやるのにすごい役に立つ。

矢吹 ベースがやっぱり。

安達 そうですね。発声にしても、踊りの足腰にしても。

藤本 和平さんが、いまいらっしゃる座員のなかで一番長いんですか？

安達 そうですね、座歴としては僕が長いのかな。役者でいうと。研究生では、僕は17期ですからね。もう遥かかなたの（笑）。

藤本 いま何期になるんですか？

安達 1年生が58期かな。

藤本 58期か～！ 話を戻すようですけど、もともとわらび座とは思ってなかったのに研究生になったのは？

安達 高校卒業したら、東京行って演

劇をやろうかと思ってたんですけど、それまで、わらび座の舞台ってお客さんとしては観たことなかったのよ。子どものときに舞台稽古は見てるんだけど。それでまあ、東京に旅立つ前にわらび座の舞台観ようと思って。体育館でゴザ敷いて。お客さんたちが重箱持ってきたりなんだりしながら。で、始まったらすごいわけですよ。お客さんたちが拍手したり笑ったりね。「何だこれは?」って思ってね。それでちょっと、なんかあるかもしれないなと。これだけおじいちゃんやおばあちゃんや、本当に子どもから、いろんな人たちが喜んでるから、ちょっとやってみようかなって。ただうちの親父やお袋は入れともなんとも言わなかった。フリーダムだから(笑)。それでもまあ自分で入って。それでもうズルズルと40年。

藤本　じゃあ20年近く前にいまのようなミュージカルに変わったときっていうのは、気持ちとしては嬉しかったですか?

安達　そうですね、芝居を思いっきりやれるというか。

藤本　ミュージカルを作るにあたって、脚本や演出を、いわゆるよそ者がやるっていうのは、最初からなんですか?

安達　そうですね。当初は宝塚の先生だとか、とにかくいろんなかたが。それがまたよかったんですよ。ふつうでは来てくれないような人が来てくれたり。いろんな演出家とコラボしたことで、いろんなことが身についた。作品の作り方だとか、役の深め方だとか、アドバイスの仕方が全然違うし、それがものすごいおもしろかったですね。一人の演出家でずっとやってるよりは本当に勉強になった。

藤本　それをおもしろいと感じられたから、いままで続けられてるんですね。人によって言うことが違うと混乱しそうな気がするんですけど。

安達　そういうこともあるかもしれないけど、僕はけっこう楽しんじゃう。やっぱりそれはね、自分がないとだめなんだよ。どれを自分のものにするか。そう、今年ね、研究生に授業をやったの。

藤本　どういう授業を?

安達　すごい実践的な感じ。「プロというのはこういうことを要求されますよ」と。例えば、どんなふうにしたら台詞のなかで感情が沸いてくるのか、とか。もしくは、沸かないときはどうやって台詞を叩きのめすか、とか。もうほとんど企業秘密さらけ出しちゃってるけど。

藤本　感情が沸かないときに、どうやってやっつけるかってすごいですね。それリアルだな〜。

安達　そうですね。もう本当に絞り出すとかね。これ(『政吉とフジタ』)だって125回くらいあるでしょ。

矢吹　毎日、毎回同じテンションでやっていくってどういうことなんだろう。

安達　いまはもうふつうにできるというか。やっぱり経験積んできてるんでね。何回もやっていくと、いろんな意味で慣れるし、枯れてくるし。じゃあそういうときに何をしたらいいのかっていうことを、いろんなふうに考えて。やっぱり世の中に目を向ける。自分のなかではできないとか悩んでるけど、そもそもお客さんたちは何を求めて来てるのかってことをいっぱい考えていくうちに、お客さんのために舞台に立つ、そのエネルギーは無限にあるな、と。そしたらすごく楽になった。そしてお客さんや、いま世の中で起きていることと舞台がどんなふうに繋がっていくんだろう、と。今日だって、戦前の話だったけど、政吉さんの、子どもたちに何か残したいという、いま生きてる人たちと共通の思いがあると思う。そのことを自分のなかで大きくしていくことによって、観に来ているお客さんたちと共感ができる。いまというものを感じて、お客さんと一緒に生きるという。そのことはものすごく大事なことだなぁと。

藤本 いま=未来だと思うんですけど、わらび座に感じるのが本当にそこで。

安達 「平野政吉はこんな人でした」っていうただの伝記をやってもね。その人が一番思ってたことで、いま生きている子どもたちやお客さんたちと共感し合えるというのは、やっぱり楽しいよね。お互いにしゃべってはいないんだけど、舞台と客席で共通の思いを膨らませるっていうのが、僕らの仕事の本当のところだな、と思うんですよね。

藤本 わらび座すごいです。

安達 わらび座が秋田にあるということをもっとね。僕もお袋が秋田だから。

藤本 半分秋田……まあもう秋田ですけどね（笑）。

藤本 その話もすごく興味深くて。僕はいまも兵庫県の西宮に住んでいるんですけど、実は『のんびり』を作っているメンバーは半分秋田在住で、半分が県外の人間なんです。土地の者と、よそ者が一緒になってやる。

安達 そのほうがいいと思うなぁ。全部秋田の人でやってると、だめだと思う。わらび座だってそうだもん。いろんなところから集まって来て、融合していくっていう。

藤本 それこそわらび座っていうものが立ち上がったとき、東京で生まれ、秋田にやって来るってこれは完全によそ者ですよね。

安達 最初は大変だったと思う。昭和30年代ですから。

藤本 お父さんお母さんが当時感じた辛さは計り知れないです。

安達 疎外感というか。なんか知らないけど若者たちがやってきて、はじめは「なんだろう?」ですよ。でも民謡を習って舞台でやって、学校を回って小学生に見せたりという真実を知ったときに、支えてくれる人がいるのよ。平野政吉みたいな人が。自分の家を建てるつもりで集めていた材木を、材木小屋ごとカンパしてくれて、そこで家を建ててくれて、そこに住めと。やっぱり多くの人に支えられて。コツコツと、ちょっとでも何かに役に立つ活動をしていれば、見ている人は見ているし、支えてくれる人は支えてくれるっていうね。それが、わらび座の60数年の歴史でもあったような気がするよね。いまだって多くの人に支えられているしね。

藤本 それがやっぱり地元でやる強みであり、おもしろみですよね。

安達 あそこにああいう劇場が存在するっていうこと自体が日本のなかでは希有というか。だいたい周りに１００万人ぐらいいないと、劇場は成り立たないっていいますからね。周り……10万もいないですからね（笑）。田んぼはいっぱいあるけど、稲は観にこないからねぇ（笑）。

一同 （笑）。

僕たちにできること

いやあ〜まいりました。聞けば聞くほど、全ての人が素晴らしい。限られた誌面のなかで僕、いま、みなさんにわらび座の魅力、伝えられていますか？ ベテラン役者である和平さんの言葉に一層強い気持ちをもらった僕たちは、まっすぐのんびり事務所に戻って、あらためて3日間の取材を振り返ります。やはり僕たちのなかで、取材のきっかけでもあるミュージカル「為三さん！」を観劇できたことはとても大きなものでした。秋田という土地から、ただ秋田の未来を考えるのではなく、秋田という土地からニッポンの未来を考え表現していくことを大切にしてきた僕たちにとって、為三さん！チームと、のんびりチームは、手法は違えど同じ思いで表現をしているんじゃないか？ そう思うほどに、「為三さん！」班のみなさんに何か恩返しができないか、という気持ちが高まります。しかし、僕たちに残された時間は今夜のみ。やりたいことと、いまからできることの狭間で頭と気持ちが揺れるなか、なんとか決まったことの一つは、たざわこ芸術村内のブルワリーで造られる田沢湖ビールを活かしたプレゼントでした。

ピッチャー返し

取材初日にとても大切なお話を伺ったうえに、その夜にはピッチャーでビールの差し入れをしてくださった山川社長。よし！ これはまさにピッチャー返しだ！ なんて適当なダジャレを出発点に、本気で田沢湖ビールについて考え始めたのんびりチーム。すでにお土産として販売されている「為三さん！ビール」を参考に、「為三さん！」班の役者さん13人分の役柄イラストを使った、あらたな「為三ビール」を作ることにします。そこにそれぞれの缶バッチを付ければより喜んでもらえるのでは？ と、大慌てで秋田県庁にお願いをして、缶バッチの製作機を借りる手はずを整えます。で、肝心のイラストは、いつものごとく澁谷が担当。それをヤブちゃんがラベルなどにデザインするその間、ほかのメンバーは、ひたすら『秋田県民歌』を練習していました。

秋田県民歌

劇中で『秋田県民歌』を歌うシーンで、客席から一緒に大声で歌ってくれる小学生に感動したという、取材初日に聞いた鈴木裕樹くんの話を思い出した僕たちは、明日の公演中、客席から思いっきり大声で県民歌を歌おう！ と、猛特訓。それぞれいつものごとく夜中作業になだれ込み、切ったり貼ったり、缶バッチを作ったり、さらに袋に詰めたりと、いまやれることをやりきります。あとは現地で仕上げるだけ！ というところまで頑張って、なんとか朝が来る前に作業が終了しました。

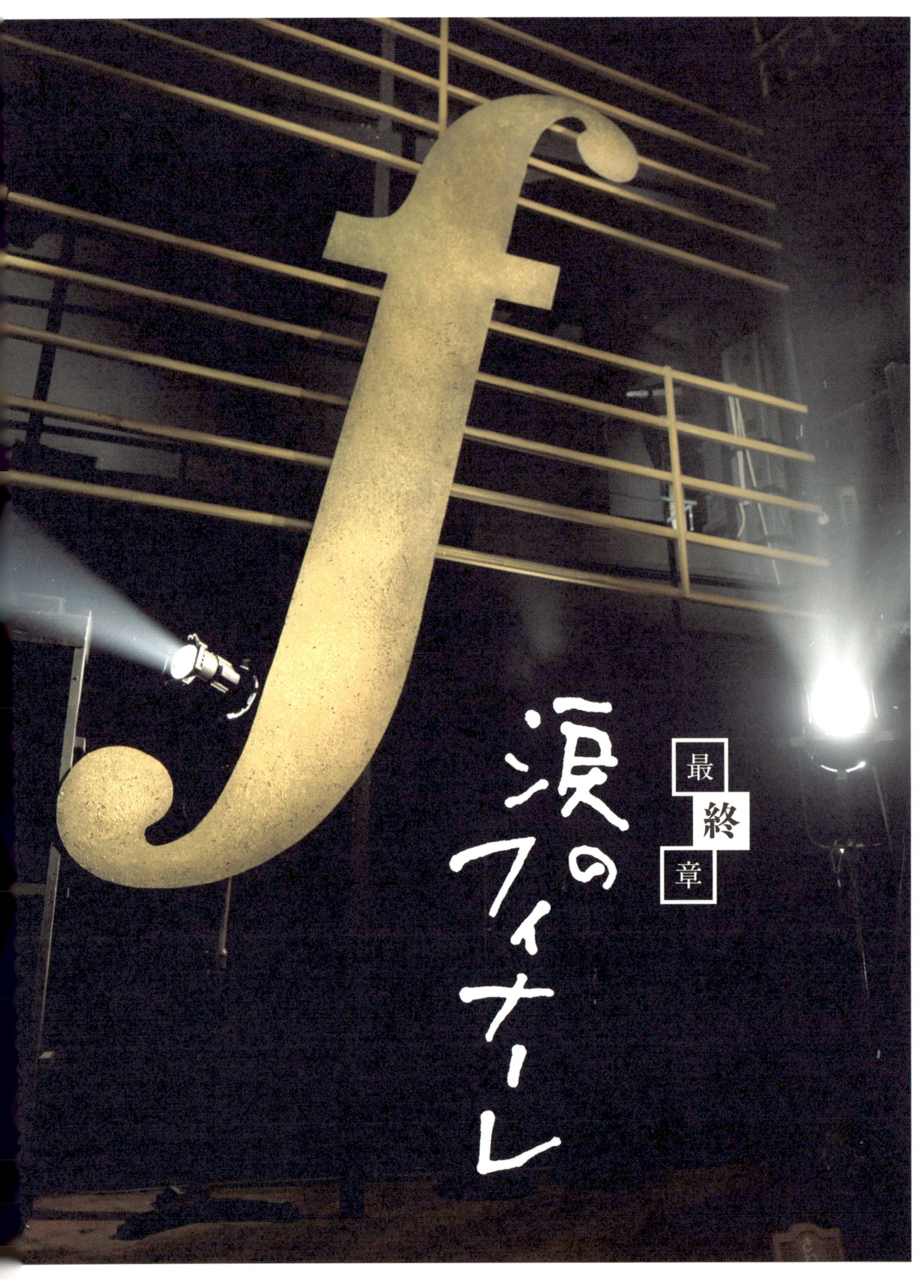
最終章
涙のフィナーレ

9月30日

いよいよ取材最終日。寝不足な身体をなんとか奮い立たせ、朝8時過ぎに秋田市内を出発したのんびりチームは、たざわこ芸術村へ向かう途中に、カーテンコールでプレゼントするための花を購入。10時前には到着します。そこでまず広報の管野さんに今日の僕たちの計画について相談します。

藤本　実は、今回のお礼ということでもないんですけど、劇中の『秋田県民歌』を歌う場面で、立ち上がって思いっきり歌いたいと思っているんです。2階からでもいいので。

管野さん（以下敬称略）　ぜひ。それ、何よりのプレゼントですよ。2階からと言わず1階でぜひ。

藤本　やった！　あと、お芝居が終わってカーテンコールのときに、演者さんに花束を渡したいんですけど、大丈夫ですか？

管野　大丈夫ですよ。ただ段取りがあるので、舞台監督に先に言っておきます。花束は一つですか？

藤本　パンフレットに載ってる13人それぞれに用意してるんです。

管野　ではそのタイミングは舞監と相談します。

藤本　ありがとうございます。あと、

大したものじゃないんですけど、最後に役者さんにプレゼントを用意していて、それをお渡ししたいんです。お客さんがいなくなったタイミングでさっとお渡しするっていうのがいいですかね？　もちろんみなさん最後の衣装のままでいいので。

管野　じゃあ、ステージの上がいいんじゃないですか？

一同　嬉しいー!!

管野　『秋田県民歌』、歌うのいいと思います。夏にずっと公演が続いて役者さんたちも疲れてるときに、小学生が歌ってくれて、すごいエネルギーをもらったって。そういうものなんですよ。昨日、和平さんも言ってましたけど、外からのものって一番の支えなので。

藤本　偶然にも、年に1回の和光中学校の子たちのタイミングに立ち会えたのが本当に大きくて。

管野　じゃあ、お別れ感謝の会ということで。

藤本　はい。僕たちは彼らほど感動を与えられないと思うんですけど（笑）。でも感謝の気持ちは伝えたいなと。

管野　ありがとうございます。

一同　よろしくお願いします！

こっそり作業

しかし本当に管野さんには頭があがりません。行き当たりばったりと言ってしまえばそれまでですが、その都度頭をフル回転させ、最善のアクションのもと取材を進めていくことを信条とする僕たちにとって、ここまで思いを汲み取って現場対応してくださる、その裏の調整は並大抵じゃないことは容易に想像できました。そんな管野さんをはじめ、裏方のみなさんの協力のもと、なんとか為三さん！チームを喜ばせるのだ！　とさらに気合いが入ります。しかし、ここはたざわこ芸術村。いつどこから、ひょっこり役者のみなさんが現れるかわかりません。準備をしているところを見られないように、車の陰に隠れて作業。実は以前、花屋さんで働いていたというカメラマンの陽馬率いる花束製作チームと、田沢湖ビールの既存ラベルを剥がして僕たちの作ったラベルに貼り替えるビール製作チームに分かれます。

県民歌大合唱

いやぁ～思いのほか大変なシール剥がし（笑）。せっかく貼られたシールを剥がすこと自体、なんだか心苦しい気持ちになりながら、無事予定本数製作完了！　一方の花束チームも全て完成したところで、いつのまにかお昼も過ぎて14時15分。まずは県民歌を大合唱するべく、「為三さん！」公演中のわらび劇場へ向かいます。幕間（まくあい）の休憩を活かして1階の最後列に忍び込むのんびりチーム。客席から大声で『秋田県民歌』を歌うというただそれだけのことなのに、ステージに上がるかのような緊張感。そしていよいよその瞬間がやってきました。為三の旧友、倉田政嗣（まさつぐ）の「みなさん、手元の青い紙の裏側に歌詞が載っているので、一緒にお願いします！　では、いきましょう！」を合図にのんびりメンバー10人がすくっと立ち上がり、昨夜からの練習の成果を発揮するべく大熱唱！　突然最後部で立ち上がって歌う客がいるものだから、役者のみなさんびっくり（笑）。鈴木くんと一緒に演劇ワークショップを楽しんでくれた、為三の母ミツ役の古関さんにいたっては、我慢できずにニヤリと笑ってしまったりで（笑）、感動させるまでにはいかないものの、なんとか喜んでくれた様子で大満足。実は隣で秋田チームのヤブちゃんとイマヲ（今井）が歌いながら泣いているのを見て、僕はあらためて『秋田県民歌』のチカラを感じていました。とにかく全力で歌い切ったあとは、何事もなかったかのようにその場に着席。しばらく続きを観劇したあと、舞台監督さんに呼ばれて今度は舞台袖へと移動します。段取りをいま一度確認し、舞台監督さんの合図のもと、さあ、カーテンコールでの花束贈呈です。

それぞれの花束に似顔絵が描かれているものだから、みなさんとても喜んでくださって、なんとか無事終演。ほっと胸を撫で下ろすのんびりチームでしたが、いろんな意味で、本番はここからでした。

藤本　みなさん、本当にありがとうございました。

一同　ありがとうございました！

藤本　僕たち、のんびり編集部、4日間にわたるわらび座さんの取材を今日いよいよ終えるんですけど、本当に充実した取材をさせていただきました。僕は関西から来ているので、わらび座さんのなんとなくのイメージしかなかったんですけど、「為三さん！」の舞台を観せてもらった瞬間に、いろん

なイメージが吹き飛んで、「すごい！」って思いました。本当に秋田の宝だし、日本の宝だと思います。僕たちもどんどん広めていこうと頑張って本を作りますので、引き続きよろしくお願いいたします。

一同　お願いします！

藤本　僕たちから、みなさんへの気持ちとして、お花もそうなんですけど……そういえば歌もわかってもらえました？

為三さん！メンバー　はい!!

一同　やったー!!

藤本　実はもう一つ、みなさんにプレゼントを用意しておりまして。打ち上げとかで飲んでいただけるといいなあという、こちらです!!

（隠していた布をとる）

為三さん！メンバー　うわーー!!

（メンバー全員が、思わずどどどっと駆け寄って近づく）

為三さん！メンバー　すごーーい!!

何これー!!!

一同　わーーーー!!!（拍手）

藤本　たった1日しかなくて、何をどうしようかと思って。

片村さん（以下敬称略）　1日で!?

藤本　ラベル剥がしてはこれを貼っていうのを、いまのいままでやってました（笑）。

僕たちの想像を超えるリアクションで、とにかく大喜びしてくれたみなさんの姿に、僕たちのほうが感極まってしまって、特にデザインを頑張ったヤブちゃんは涙腺崩壊。幸福な気持ちでいっぱいのなか、突然鈴木くんがこんなことを言い出します。

鈴木　僕たちからも、お礼をしたいなと思いますので、男性陣……。

（男性陣が集まり耳打ちしながら相談をする）

鈴木　沖揚げ（音頭）。

一同　なになになに!?

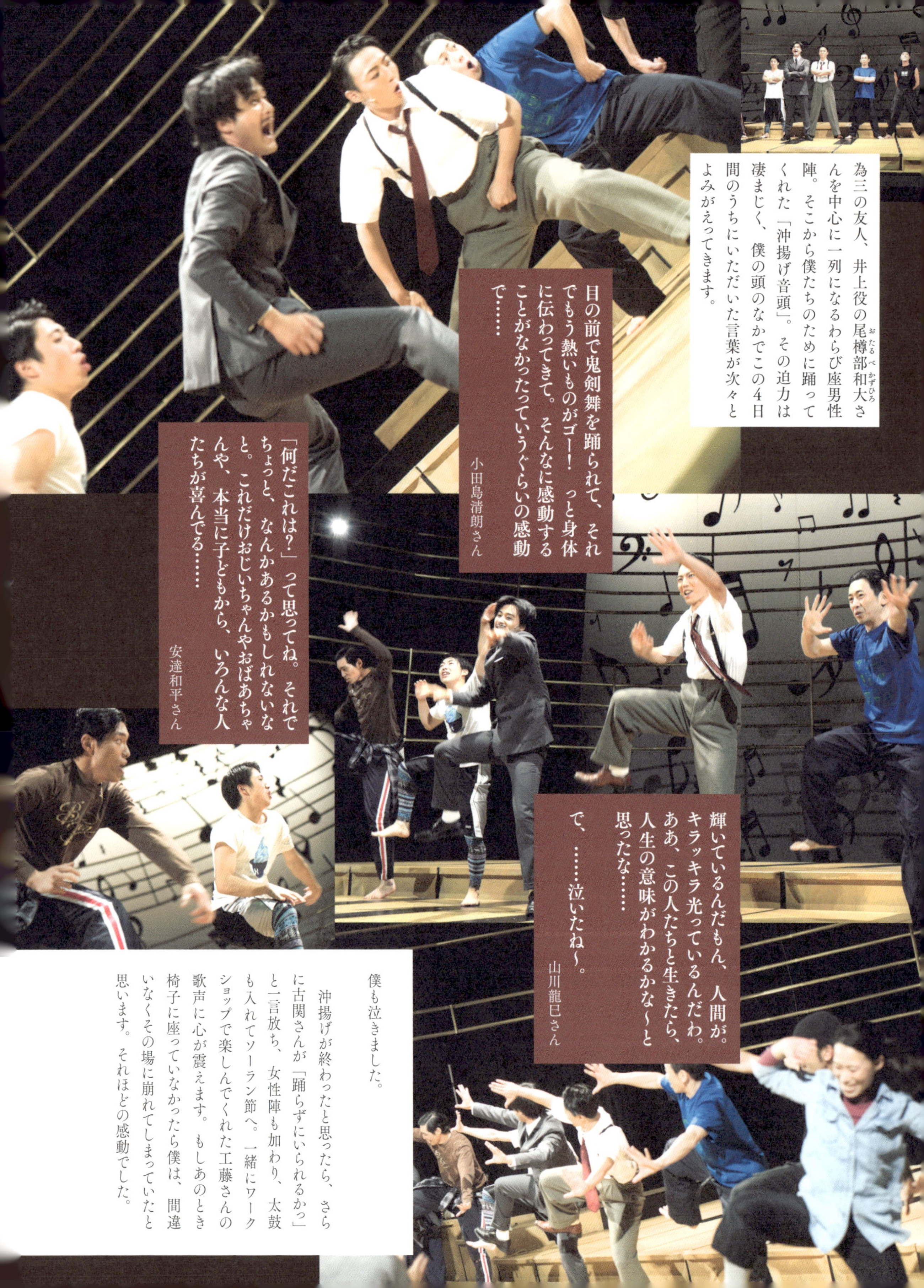

為三の友人、井上役の尾樽部和大（おたるべかずひろ）さんを中心に一列になるわらび座男性陣。そこから僕たちのために踊ってくれた「沖揚げ音頭」。その迫力は凄まじく、僕の頭のなかでこの4日間のうちにいただいた言葉が次々とよみがえってきます。

目の前で鬼剣舞を踊られて、それでもう熱いものがゴー！っと身体に伝わってきて。そんなに感動することがなかったっていうぐらいの感動で……

小田島清朗さん

「何だこれは？」って思ってね。それでちょっと、なんかあるかもしれないなと。これだけおじいちゃんやおばあちゃんや、本当に子どもから、いろんな人たちが喜んでる……

安達和平さん

輝いているんだもん、人間が。キラッキラ光っているんだわ。ああ、この人たちと生きたら、人生の意味がわかるかな〜と思ったな……

で、……泣いたね〜。

山川龍巳さん

僕も泣きました。

沖揚げが終わったと思ったら、さらに古関さんが「踊らずにいられるかっ」と一言放ち、女性陣も加わり、太鼓も入れてソーラン節へ。一緒にワークショップで楽しんでくれた工藤さんの歌声に心が震えます。もしあのとき椅子に座っていなかったら僕は、間違いなくその場に崩れてしまっていたと思います。それほどの感動でした。

一同　わーーーー!!!!（拍手）

藤本　ありがとうございました！

鈴木　本当にわらび座がのんびりさんから取材を受けたっていうことだけにとどまらないなと思いまして。秋田を全国へっていう思いを持った2つの会社が出会って、本当に大きなものが生まれました。そういう意味で、4日間、わらび座を味わいつくしていただいてありがとうございました。そして、これからもぜひ遊びに来ていただいて、わらび座をよろしくお願いしたいと思います。では（藤本にふる）。

藤本　取材をしていくなかで、本当にいろんな経験をさせてもらいました。年配のかた含めいろいろなかたに話を聞いていると、わらび座に入った動機っていうのが、踊りだったり公演を観て、本当にたまらなくなって入ったっていう声をたくさん聞いて、そのことがいま本当によくわかりました……（涙）。すごく感動しました。僕らなりに一生懸命伝えようと思いますので、4日間、本当にありがとうございました。

一同　ありがとうございました！

全員　（拍手）

鍵岡　藤本さんが泣いたら俺たちもだめだよ〜！

田宮　中学生みたいだ（笑）！

それぞれに握手を交わし、別れの挨拶をするなか、あの和光中出身でわらび座に入ったという、車掌役の片村仁彦（かたむらきみひこ）くんが、こんなことを言ってくれました。

片村　『秋田県民歌』のとき、みんな裏で泣いてました。ありがとうございました。

僕はもう涙がなくなるんじゃないかというほど泣きました。

初出
2015年12月10日発行
「のんびり」 VOL.15（2015 Winter）

あとがき

僕の肩書きは編集者です。しかし僕が編集を施すものは雑誌や本だけではありません。イベントや展覧会のほか、商品やお店。ときには街そのものも。そんな広義な意味での編集をもって「編集者」と名乗る僕の、言わば名刺がわりな媒体が、この『のんびり』でした。

僕が最も大切な活動として、その使命を感じている「地域編集」という仕事は、取材から全てが始まります。『のんびり』の編集長という仕事を終えてなお、僕が秋田に関わり続けているのは、『のんびり』で取り上げたさまざまが、いまもなおプロジェクトとして進行しているからです。ゆえに『のんびり』を、地域編集の一つの手法と理解してもらうと、本誌の見え方もまた少し変わるかもしれません。

食糧もエネルギーも無限にあるかのごとく振る舞ってきた昭和・平成を経て、いま僕たちがやるべきは、あたらしいものを作ることよりも、いまあるものを活かすこと。そこに編集のチカラは欠かせません。資本力をもって解決する物質的豊かさではなく、編集力をもって見出していく本質的な豊かさ。『のんびり』で僕が示したかったことは、それに尽きます。

都会の高層マンションのように、上へ上へと背伸びするのはそろそろやめて、のんびり横になってみませんか。そうやって見える景色を変えるだけで、案外、世界は変わっていくもんだと、のんびり思ったりするのです。

藤本智士（のんびり編集長）

NON-BIRI AKITA
ACCESS MAP
たざわこ芸術村
（現・あきた芸術村）
仙北市田沢湖卒田早稲田430
芸術村営業部
TEL 0187-44-2500
平沢商店
秋田市大町5丁目7-18
TEL 018-862-4032
秋田県農業試験場
道の駅十文字
横手市十文字町字海道下21-4
TEL 0182-23-9320
うご農業協同組合
横手市増田
まんが美術館
横手市増田町増田字新町285
TEL 0182-45-5569
至 青森
至 深浦
十和田湖
あきた白神
五能線
大館北IC
小坂北IC
小坂JCT
小坂IC
大館南IC
二井田真中IC
大館
十和田IC
能代
東能代
二ツ井
鷹ノ巣
十和田南
二ツ井
白神IC
大館能代空港
花輪線
鹿角
花輪
東北自動車道
能代東IC
米内沢
鹿角八幡平IC
能代南IC
八竜IC
秋田内陸線
至 八戸
森岳
琴丘森岳IC
五城目八郎潟IC
奥羽本線
阿仁合
八郎潟
男鹿線
阿仁マタギ
男鹿
大久保
昭和男鹿半島IC
上桧木内
秋田北IC
秋田
秋田中央IC
田沢湖
盛岡IC
盛岡
羽越本線
秋田南IC
田沢湖
秋田
空港IC
秋田空港
角館
協和IC
秋田新幹線
東北自動車道
東北新幹線
岩城IC
西仙北スマートIC
松ヶ崎亀田IC
日本海東北自動車道
秋田自動車道
大内JCT
大曲
新花巻
本荘IC
大曲IC
羽後本荘
鳥海山ろく線
北上IC
横手北スマートIC
仁賀保
横手
北上
にかほIC
横手IC
北上JCT
北上線
十文字IC
水沢江刺
金浦IC
矢島
十文字
湯沢横手道路
象潟
湯沢IC
湯沢
象潟IC
三関IC
須川IC
一関
至 酒田
雄勝こまちIC
奥羽本線
至 仙台
大宮
東京
至 山形
至 古川

航空

東京(羽田)⇔秋田　ANA/JAL … 約65分
大阪(伊丹)⇔秋田　ANA/JAL … 約80分
札幌(新千歳)⇔秋田　ANA/JAL … 約55分
名古屋(中部国際)⇔秋田　ANA … 約80分
【リムジンバス】秋田空港～秋田駅西口(約35分)
東京(羽田)⇔大館能代　ANA … 約70分
【リムジンバス】大館能代空港～大館市内(約55分)
大館能代空港～北秋田市(鷹巣)(約15分)
〈ANA〉0570-029-222〈JAL〉0570-025-071

藤本智士流
のんびりフェリーの旅

広い秋田を存分に楽しみたい僕は、フェリーを使って車ごと秋田入りすることもしばしば。敦賀発秋田経由のフェリーは便数が少ないのが難点だけど、青い空と青い海に挟まれながらの、のんびり移動は最高の幸せ!

秋田新幹線
こまち

仙台⇔秋田
最速2時間5分
大宮⇔田沢湖
最速2時間21分
東京⇔秋田
最速3時間37分
〈JR東日本テレフォンセンター〉
050-2016-1600

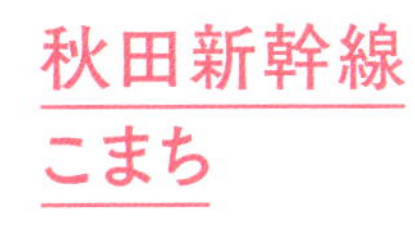

フェリー　新日本海フェリー

北行　敦賀(10:00)⇨新潟(22:30)⇨
秋田(翌5:50)⇨苫小牧東(17:20)
南行　苫小牧東(19:30)⇨
秋田(翌7:45)⇨
新潟(15:30)⇨敦賀(翌5:30)

●秋田港から秋田市街へは車で約30分。
(秋田中央交通バスのご利用も可能)
〈秋田フェリーターミナル〉
018-880-2600
運航スケジュールは必ずお問合せください。

イラストレーター
福田利之流
のんびり新幹線の旅

東京から3時間半ほどで秋田まで。お弁当食べて少し寝て、盛岡で青森との切り離し作業で目が覚めて、本でも読んでまたウトウトしてると今度は大曲のスイッチバックで目が覚めて、そこから約30分で到着。簡単には寝かせない新幹線、それが「こまち」。額の前で手で三角を作り、コマチ!というのを流行らせたい。

高速バス

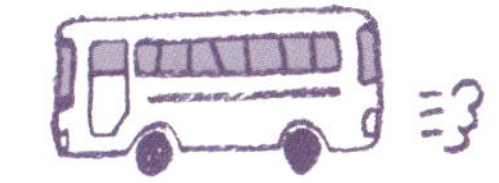

仙台⇔秋田 … 3時間35分(仙秋号)
東京⇔秋田 … 8時間30分(フローラ号)深夜バス
横浜⇔秋田 … 9時間40分(ドリーム秋田・横浜号)深夜バス
〈秋田中央交通(フローラ号・仙秋号)〉018-823-4890
〈JRバス東北秋田支店(ドリーム秋田・横浜号)〉018-862-9461
※秋田市以外の市町村を往復する便も複数あります。

自動車

仙台⇔秋田 … 約3時間30分
東京⇔秋田 … 約7時間30分
〈日本道路交通情報センター(秋田センター)〉
050-3369-6605

のんびり NONビリ
2019年10月15日　初版第1刷発行

著者
藤本智士（Re:S）

編集
矢吹史子（のんびり合同会社）
山口はるか（Re:S）
小阪温視（のんびり合同会社）

写真
浅田政志
鍵岡龍門
船橋陽馬
服部和恵（撮影補佐）

取材・進行
田宮慎（casane tsumugu）

取材・イラストレーション
澁谷和之（澁谷デザイン事務所）

アートディレクション・デザイン
堀口努（underson）

イラストレーション
芦野公平
石川飴子
田渕志織

発行人
長嶋うつぎ

発行所
株式会社オークラ出版
〒153-0051 東京都目黒区上目黒 1-18-6 NMビル
TEL　03-3792-2411（営業部）
TEL　03-3793-4939（編集部）
http://oakla.com/

印刷・製本
中央精版印刷株式会社

©2019 Satoshi Fujimoto ©2019 Oakla Publishing Co., Ltd.
Printed in Japan
ISBN 978-4-7755-2898-3
落丁・乱丁本の場合は小社営業部までお送りください。
送料は小社負担にてお取替えいたします。
本誌掲載の記事、写真などの無断複写（コピー）を禁じます。
インターネット、モバイル等の電子メディアにおける無断転載ならびに
第三者によるスキャンやデジタル化もこれに準じます。